77 kommunikative Spiele

Interkulturelle Kompetenz in 10 Minuten
Französisch

77 kommunikative Spiele

Interkulturelle Kompetenz in 10 Minuten

Französisch

par

Janine Bruchet Collins

Ernst Klett Sprachen
Stuttgart

17.1 Dreamstime.com (Rui Matos), Brentwood, TN; **17.2** Thinkstock (Creatas Images), München; **17.3** Thinkstock (Preto_perola), München; **17.4** Thinkstock (peredniankina), München; **17.5** Thinkstock (dimdimich), München; **17.6** Thinkstock (maxkrasnov), München; **21.1** Thinkstock (Naddiya), München; **21.2** Wikimedia Commons (Morn); **23** Thinkstock (Dmytro Beridze), München; **25.1** Thinkstock (anilinn), München; **25.2** Thinkstock (Nikiteev_Konstantin), München; **25.3** Thinkstock (yulia_lavrova), München; **25.4** Thinkstock (anilinn), München; **25.5** Thinkstock (skalapendra), München; **25.6** Thinkstock (LydiaWoohoo), München; **25.7** Thinkstock (gmast3r), München; **25.8** Thinkstock (vikif), München; **25.9** Shutterstock (Chukov), New York; **25.10** Thinkstock (Yuriy Chertok), München; **25.11** Thinkstock (Nikiteev_Konstantin), München; **37.1** Fotolia.com (dedMazay), New York; **37.2** Thinkstock (Massonstock), München; **39.1** Shutterstock (Zerbor), New York; **39.2** Fotolia.com (Sylwia Nowik), New York; **39.3** Shutterstock (bofotolux), New York; **39.4** Thinkstock (GooDween123), München; **39.5** Thinkstock (pablocalvog), München; **39.6** Fotolia.com (treenabeena), New York; **39.7** Shutterstock (Marina Riley), New York; **39.8** Fotolia.com (ileezhun), New York; **39.9** Thinkstock (Ryan McVay), München; **39.10** Thinkstock (Delpixart), München; **39.11** Shutterstock (mllevphoto), New York; **39.12** Thinkstock (Yael Weiss), München; **40** Thinkstock (Eivaisla), München; **41** Thinkstock (Quality-illustrations), München; **45.1** Wikimedia Commons (Nitot); **45.2** Wikimedia Commons (Calips); **47** Thinkstock (claudiodivizia), München; **51.1** Fotolia.com (Onidji), New York; **51.2** Fotolia.com (RAM), New York; **51.3** Thinkstock (Rrrainbow), München; **59.1** Annie Costantino, Rognac; **59.2** Shutterstock (Boris15), New York; **61.1** Thinkstock (alain grimplet), München; **61.2** Thinkstock (PeJo29), München; **65** Thinkstock (Ivan Hafizov), München; **69.1** Thinkstock (mysondanube), München; **69.2** Shutterstock (Woodhouse), New York; **71.1** Shutterstock (StudioLondon), New York; **71.2** Wikimedia Commons (Mschlindwein); **71.3** Wikimedia Commons (Père Igor); **71.4** Shutterstock (img85h), New York; **75.1** Shutterstock (wavebreakmedia), New York; **75.2** Shutterstock (Kalenik Hanna), New York; **75.3** Shutterstock (NLshop), New York; **79** Thinkstock (LongQuattro), München; **88.2** Shutterstock (Denis Kuvaev), New York; **88.3** Fotolia.com (NANCY), New York; **89.1** Fotolia.com (Jackin), New York; **89.2** Fotolia.com (dreamtime), New York; **89.3** Thinkstock (montego666), München; **91** Thinkstock (aqabiz), München; **101.1** © Willem / 9e Art+ 2014; **101.1** © Willem / 9e Art+ 2014; **101.2** Wikimedia Commons (Nevit Dilmen); **101.3** Shutterstock (meunierd), New York; **101.4** Shutterstock (catwalker), New York; **107.1** Wikimedia Commons (Laserpdb); **107.2** Fotolia.com (Christelle.delforge), New York; **Cover.1** Shutterstock (Ramanchyk Ruslan), New York; **Cover.2** Shutterstock (maglyvi), New York; **Cover.3** Shutterstock (Vasiliy Ganzha), New York; **Cover.4** Shutterstock (ADE2013), New York; **Cover.5** Thinkstock (Creative_Outlet), München; **Cover.6** Shutterstock (Fran Marin), New York; **KV11.1** Wikimedia Commons (Michal Osmenda); **KV11.2** Wikimedia Commons (Torinberl); **KV11.3** Wikimedia Commons (© Matthieu Riegler, CC-BY); **KV11.4** Wikimedia Commons (Sokoljan); **KV11.5** Wikimedia Commons (Michael Rose Schaengel89); **KV11.6** Wikimedia Commons (Eva K./http://commons.wikimedia.org/wiki/Commons:GNU_Free_Documentation_License,_version_1.2); **KV11.7** Wikimedia Commons (Ackerboy); **KV11.8** Wikimedia Commons (© 2004. Chimigi); **KV20.1** Fotolia.com (Yael Weiss), New York; **KV20.2** Fotolia.com (Co-Design), New York; **KV20.3** Fotolia.com (jonatan08), New York; **KV23** Thinkstock (Fuse), München; **KV25.1** Thinkstock (DENIO RIGACCI), München; **KV25.2** Thinkstock (margouillatphotos), München; **KV25.3** Thinkstock (monkeybusinessimages), München; **KV25.4** Shutterstock (Elena Shashkina), New York; **KV25.5** Wikimedia Commons (Ernmuhl); **KV25.6** Fotolia.com (mimon), New York; **KV25.7** Thinkstock (Gregor Lajh), München; **KV25.8** Wikimedia Commons (cédric Icower); **KV25.9** Thinkstock (Violet711), München; **KV27.1** Fotolia.com (ManicBlu), New York; **KV27.2** Thinkstock (Knud Nielsen), München; **KV27.3** Thinkstock (iuliia_n), München; **KV27.4** Fotolia.com (DURIS Guillaume), New York; **KV27.5** Fotolia.com (majorosl66), New York; **KV27.6** Wikimedia Commons (Kevin.B); **KV29.1** Wikimedia Commons (JeanBono); **KV29.2** Shutterstock (nito), New York; **KV29.3** Thinkstock (ninikas), München; **KV29.4** Thinkstock (JPC-PROD), München; **KV29.5** Fotolia.com (Tilio & Paolo), New York; **KV30.1** Wikimedia Commons (Gavigan 01); **KV30.2** Wikimedia Commons (D4m1en); **KV31.1** Sylvie Cloeren, Stuttgart; **KV31.2** Wikipedia (Abiturjahrgang 2010 der Ferdinand-Braun-Schule Fulda); **KV31.3** Wikimedia Commons (GNU FDL); **KV31.4** Wikimedia Commons (Jaypee); **KV31.5** Wikimedia Commons (Aquajazz); **KV31.6** Wikimedia Commons (Elkawe); **KV41.1** Wikimedia Commons (Frank Vincentz); **KV41.2** Wikimedia Commons (Campings Sites et Paysages); **KV41.3** Thinkstock (Ingram Publishing), München; **KV41.4** Thinkstock (Creatas), München; **KV42** Shutterstock (xc), New York; **KV46.1** Wikimedia Commons (Muu-karhu); **KV46.2** Wikimedia Commons (Hedwig von Ebbel); **KV46.3** Wikimedia Commons (Zil); **KV46.4** Shutterstock (grufnar), New York; **KV46.5** Fotolia.com (M.studio), New York; **KV46.6** Thinkstock (Patrick Civello), München; **KV67** Wikimedia Commons (Bourrichon)

1. Auflage 1 11 10 9 8 7 | 2026 25 24 23 22

www.klett-sprachen.de

Autorin: Janine Bruchet Collins
Unter Mitarbeit von: Martina Angele
Redaktion: Sylvie Cloeren
Layoutkonzeption: Marion Köster, Stuttgart
Gestaltung und Satz: DOPPELPUNKT, Stuttgart
Umschlaggestaltung: Andreas Drabarek
Druck und Bindung: Digitaldruck Tebben GmbH, Biessenhofen

Printed in Germany
ISBN 978-3-12-525845-7

9 783125 258457

Inhaltsverzeichnis

Vorwort

I PREMIERS CONTACTS

Faux amis; Ausdrucksfähigkeit, Gesten, Mimik, Intonation, Ausdruckfähigkeit in Bildern, Sprichwörter, Clichés (siehe *Phrases-clés pour l'écrit et l'oral*, Klett: Definitionen, Kapitel 3)

II LE SAVOIR-VIVRE EN FRANCE

Sprachgebrauch: non-verbale Kommunikation – Wie drückt man sich richtig und freundlich in verschiedenen und manchmal schwierigen Situationen aus?
(siehe in *Phrases-clés pour l'écrit et l'oral*, Klett: Ein Gespräch beginnen, Kapitel 16.1; Meinungen ausdrücken, Kapitel 2)

III VIVE LES DIFFÉRENCES ! LA VIE QUOTIDIENNE

Beschreiben, erklären, erzählen, diskutieren
(siehe *Phrases-clés pour l'écrit et l'oral*, Klett: Beschreiben, Kapitel 14.2,3,4; Erklären, Kapitel 16.2,3,4; Erzählen, Kapitel 1.4,5,6; Probleme analysieren, Kapitel 6; Meinungen ausdrücken, Kapitel 2)

IV FÊTES ET USAGES

Eine Minipräsentation machen, in eine Diskussion intervenieren: Das Wort ergreifen, jemanden auffordern etwas zu sagen, das Wort wieder ergreifen, das Wort beibehalten
(siehe *Phrases-clés pour l'écrit et l'oral*, Klett: Präsentation, Kapitel 6.1; eine Erzählung strukturieren, Kapitel 1.6; zusammenfassen, Kapitel 13; an einer Debatte teilnehmen, Kapitel 16.7,8)

V SYMBOLES ET VALEURS

Um die Franzosen besser zu verstehen! Informationen austauschen; Sprachmittlung; Meinungen ausdrücken (*Phrases-clés pour l'écrit et l'oral*, Klett: Informationen austauschen, Kapitel 16.3,4,5; zusammenfassen, Kapitel 13; Meinungen ausdrücken, Kapitel 2)

VI LE MONDE FRANCOPHONE

Präsentieren, beschreiben, erklären, erzählen, diskutieren, in einer Diskussion intervenieren (siehe *Phrases-clés pour l'écrit et l'oral*, Klett: Definitionen, Kapitel 3; Präsentation, Kapitel 16; Fotos beschreiben, Kapitel 14; erzählen, Kapitel 1.1,2,3; seine Meinung ausdrücken, Kapitel 2)

Online-Angebot (Zugangscode auf *www.klett-sprachen.de:* ntgw273)

Vorwort

Diese Sammlung interaktiver Aktivitäten hat zum Ziel, dass die Schüler gemäß französischem Sprachgebrauch angemessen kommunizieren können. Sie sollen sich in unerwarteten Situationen des französischen Sprachgebrauchs zurechtfinden und reagieren können.

Diese Aktivitäten thematisieren **sechs kulturelle Phänomene:** ***premiers contacts, le savoir-vivre en France, la vie quotidienne, fêtes et usages, symboles et valeurs, le monde francophone.***

Diese werden zum **Üben der verschiedenen Aspekte der Kommunikation** herangezogen. Schon **ab dem Niveau A1** üben die Teilnehmer in verschiedenen Situationen verstehen und verstanden zu werden, zu fragen oder Erklärungen und Informationen zu geben. Weiterhin wird nach Meinungen gefragt oder ausgedrückt. Je nach Lernniveau und Ratschlägen der Lehrperson wird erwartet, dass sich die Lernenden möglichst komplex ausdrücken können.

Innerhalb von **10 Minuten** werden folgende Inhalte behandelt und geübt:
- **Rollenspiele:** Konversation, Vortrag, Diskussion
- **Mannschaftsspiele:** Quiz, Strategiespiele, Brettspiele, Bingo, Trio, tennis parlé
- **Diskussionen**
- **Unterhaltungsspiele:** Kartenspiele, Gesellschaftsspiele

Diese Spiele **fördern** die **Sprechkompetenz**:
- **allein:** z. B. eine Minipräsentation, ein Vortrag
- **zu zweit:** Partnerspiele, Informationsaustausch, seine Meinung ausdrücken, einen Konsens finden
- **in Kleingruppen:** An einer Debatte teilnehmen (fragen, seine Meinung vertreten, präsentieren, zusammenfassen).

Die ausgewählten Themen ermöglichen es, **Unterschiede im Verhalten und in den Gewohnheiten zwischen Franzosen und Deutschen** zu beobachten. Sie haben zum Ziel, die französische, frankophone und deutsche Kultur jeweils miteinander zu vergleichen. Die Spiele sollen auch die Neugier wecken, **mehr über die französischen Nachbarn** zu **erfahren**. Dies soll u. a. durch Freude am Diskutieren erfolgen!

Symbole

	Leseverstehen		Internet
	Schreiben		Einzelarbeit
	Hörverstehen		Partnerarbeit
	Sprechen		Gruppenarbeit
	szenisches Spiel		Plenum

1. Jeu du bac : Les mots volés !

A1 A2

Lernziele

- Französische Wörter, die genauso im Deutschen benutzt und daher nicht übersetzt werden.

Verlauf

Dieses Spiel ist eine Brettspielvariante. Es werden sämtliche französischen Wörter, die genauso im Deutschen benutzt und daher nicht übersetzt werden, gesucht. Sie sollen sich auf die vorgeschlagenen Themen beziehen.
Die Wortkategorien *la mode, la gastronomie, le quotidien, autres* werden an die Tafel geschrieben. Es werden mehrere Gruppen gebildet. Die Gruppe mit den meisten Wörtern hat gewonnen.
Im Plenum wird besprochen und festgestellt, dass einige Wörter sich von der französischen Bedeutung unterscheiden.

Consignes

En équipes : Quels mots français-allemands connaissez-vous dans les catégories suivantes ?

Exemple : le camembert

Quelle équipe trouvera le plus grand nombre de mots ?

Solutions *(Quelques propositions)*

la mode	la gastronomie	le quotidien	autres
Robe, Veste, Tricot, Accessoire, Beau, Bluse, Luxe	Baguette, Camembert, Omelette, Quiche, Bouillon, Apéritif, Bankett, Bonbon, Champignon, Croissant	Trottoir, Boutique, Porte-monnaie, Allee, Boulevard, Büro	Atelier, Bohème, Branche, Broschüre, Chance, Chanson, Charme, Chef

2. Tennis parlé : villes et pays

A1 A2 B1

Lernziele

- Deutsche oder ausländische geografische Bezeichnungen werden ins Französische übersetzt und französisch ausgesprochen
- ein Wort buchstabieren

Verlauf

Das Französische hat eine Besonderheit: Die geografischen Bezeichnungen anderer Länder werden häufig ins Französische übersetzt oder Französisch ausgesprochen.
Es werden Gruppen gebildet. Die Lehrkraft gibt ein französisches Nomen vor. Jede Gruppe übersetzt nacheinander dieses Wort auf Deutsch. Pro richtige Antwort wird ein Punkt vergeben.
Tipp: Falls notwendig, können die unbekannten Wörter buchstabiert werden.

Consignes

Chaque équipe répond à tour de rôle.
On compte un point par réponse correcte.
C'est quelle ville ou quelle région ?
Traduisez en allemand.

Exemple : Brême ... Bremen

Exemples et Solutions

Cologne	*Köln*
Munich	*München*
Varsovie	*Warschau*
le Rhin	*der Rhein*
Londres	*London*
le Caire	*Kairo*
Hanovre	*Hannover*
Bâle	*Basel*
Rome	*Rom*
Ratisbonne	*Regensburg*
Aix-la-Chapelle	*Aachen*
la Rhénanie-Palatinat	*Rheinland-Pfalz*
la Sarre	*Saarland*
la Rhénanie-du-Nord-Westphalie	*Nordrhein-Westfalen*
la Bavière	*Bayern*
la Forêt-Noire	*der Schwarzwald*

3. Le bingo des faux amis

Lernziele

- « Faux amis »
- Definitionen

A1 A2 B1

B2

Verlauf

Vor dem Spiel wird ein Brainstorming gemacht, um sicherzustellen, dass die Wörter im Spiel für die Schüler im betreffenden Lernjahr bekannt sind. Es wird mit 12, 14 oder 19 Wörtern gespielt. Die Wörter werden an die Tafel geschrieben.

Consignes

Choisissez 6 mots de cette liste et écrivez-les sur une feuille de papier. Le professeur va lire au hasard les définitions des mots de la liste. Barrez chaque mot de votre liste correspondant à une définition lue.

Exemple : C'est un petit animal qu'on n'aime pas ! ... le rat
Celui qui a barré ses 6 mots crie : « Gagné ! »

Les mots	***Les définitions***
un baiser	*C'est une salutation dans la famille ou entre amis.*
une boutique	*C'est un magasin, par exemple, une librairie ou une boulangerie.*
un rendez-vous	*Avant d'aller chez le dentiste, téléphonez...*
un clavier	*On tape dessus pour écrire sur un ordinateur.*
une infusion	*C'est une boisson chaude à base de plantes comme la menthe.*
un thé	*On le boit nature, ou avec du citron ou du lait.*
une maîtresse	*À l'école primaire, les enfants en ont une...*
une ampoule	*Elle est électrique et donne de la lumière.*
un piano	*C'est un instrument de musique.*
une meringue	*C'est une pâtisserie à base de blanc d'œufs battus.*
une enveloppe	*On met une lettre dedans et on l'envoie par la poste.*
le couvert	*Pour manger : couteau, fourchette et cuillère.*
une recette	*Des explications pour faire la cuisine.*
un stagiaire	*C'est un jeune qui travaille pour avoir de l'expérience.*
la figure	*On dit aussi « le visage ».*
les pratiquants	*Ils vont à l'église.*
une ordonnance	*Le médecin écrit les médicaments à prendre sur une...*
un gymnase	*C'est un lieu couvert pour le sport.*
le feu rouge	*Les voitures s'arrêtent.*

4. Le trio des faux amis

A1 **A2** **B1** **B2**

Lernziele

- « Faux amis »
- Eine Definition geben: *C'est quelque chose qui/que ; c'est quelqu'un qui/que…*
- Interaktion bei Gesellschaftsspielen: *C'est à toi de jouer ! C'est ton tour !*

Material

KV 4

Verlauf

Vor Beginn des Spiels wird ein Brainstorming durchgeführt, um zu überprüfen, ob alle Wörter bekannt sind.
Es werden 2 Mannschaften mit je 3 Personen gebildet. An die Tafel wird eine Tabelle mit 9 Feldern für 9 Wörter geschrieben. Ziel des Spiels ist es, 3 richtige Antworten in horizontaler, vertikaler oder diagonaler Richtung zu erreichen.
Jede Mannschaft wählt abwechselnd ein Feld aus und bildet eine Definition oder einen Satz zum angegebenen Wort.
Ist der Satz richtig, erhält die betreffende Gruppe einen Punkt und markiert das entsprechende Feld. Gruppe 1 markiert mit einem Kreuz, Gruppe 2 mit einem Kreis.

Consignes

Le but du jeu est d'obtenir 3 bonnes réponses horizontalement, verticalement ou diagonalement.
À tour de rôle, chaque équipe choisit une case et doit donner la définition ou faire une phrase avec le mot indiqué.
Si la phrase est correcte, l'équipe remporte un point et marque la case soit avec une croix pour l'équipe 1, soit avec un cercle pour l'équipe 2.

Solutions

une tablette = Tafel (Schokolade)	*une garde-robe = Kleiderbestand*	*une recette = Kochrezept (Kein Arztrezept)*
une glace = Eis	*un clavier = Tastatur*	*la chicorée = Salat*
une figure = Gesicht	*une veste = Jacke*	*un concours = Wettbewerb*

un baiser = Kuß	*une boutique = Geschäft*	*une folie = Wahnsinn*
un costume = Anzug	*un gymnase = Turnhalle*	*une caméra = Video-/ Kinokamera*
un rat = Ratte	*un rendez-vous = Termin (beim Arzt)*	*le parterre = Boden*

la messe = Gottesdients	*une ligne = Zeile*	*une dose = Dosis/Menge*
ordinaire (adj.) = Gemein-	*un trésor = Schatz*	*un dirigeant = Führer*
un régal = Leckerbissen	*un patron = Chef*	*un souterrain = Unterführung*

Le trio des faux amis

Le but du jeu est d'obtenir 3 bonnes réponses horizontalement, verticalement ou diagonalement.
À tour de rôle, chaque équipe choisit une case et doit donner la définition ou faire une phrase avec le mot indiqué.
Si la phrase est correcte, l'équipe remporte un point et marque la case soit avec une croix pour l'équipe 1, soit avec un cercle pour l'équipe 2.

A1

une tablette	une garde-robe	une recette
une glace	un clavier	la chicorée
une figure	une veste	un concours

A1

un baiser	une boutique	une folie
un costume	un gymnase	une caméra
un rat	un rendez-vous	le parterre

A2, B1

la messe	une ligne	une dose
ordinaire (adj.)	un trésor	un dirigeant
un régal	un patron	un souterrain

ISBN 978-3-12-525845-7

5. Le langage des gestes : Racontez une histoire !

A1 A2 B1 B2

Lernziele

- Non-verbale Kommunikation: « sprechende » Gesten

Material

KV 5

Verlauf

Es wird erklärt, dass die Franzosen beim Sprechen viele Gesten und Mimik einsetzen. Viele Länder haben ähnliche Gesten, viele Länder haben aber auch ganz eigene landesspezifische Gesten. Das Spiel beginnt.

a. Zunächst werden die Karten mit den Ausdrücken ausgeschnitten. Ein Schüler wählt eine Karte nach dem Zufallsprinzip aus. Er ahmt den Ausdruck nach. Die anderen Schüler erraten den Begriff.
Die ratenden Spieler können ggf. Varianten vorschlagen.
Beispiel: (Bailler) J'ai sommeil ! oder J'ai envie de dormir ! oder Je m'ennuie !

b. Die Fotos der KV werden auf dem Overheadprojektor ohne Erklärungen gezeigt. Die Spieler sollen die Gesten erklären. Dann sollen die Spieler in Paaren die Wörter mit den Gesten in Verbindung bringen.

c. Partnerarbeiten: Es soll eine kleine Geschichte mit Gesten erzählt werden. Diese wird im Plenum vorgespielt. Die anderen Spieler finden die entsprechenden Wörter dazu.

Consignes

a. À tour de rôle : prenez une carte et mimez l'expression.
Les autres devinent ce que vous voulez dire.

b. Regardez ces photos.
Connaissez-vous ces gestes ?
Que veulent-ils dire ?
En paire, associez les gestes à ces paroles…
***c.** En paire : Racontez une petite histoire avec des gestes.*
Ensuite, jouez-la devant la classe; les autres mettent les paroles.

Exemple : Il est tard. Je vais me coucher. Je suis fatigué. Bonne nuit, tout le monde !

Solutions

A5 ; B4 ; C2 ; D1 ; E3 ; F6

Le langage des gestes : Racontez une histoire !

J'ai sommeil ! Je suis fatigué/e ! Je m'ennuie ! *(bailler ; se tourner les pouces)*	Ne fais pas de bruit ! Chut !	Je n'ai pas entendu ! Qu'est-ce que tu dis ? Plus fort ! Hein ? *(fam)* Quoi ? *(fam)*
Ça sent mauvais ! Ça pue ! *(fam.)*	J'ai froid ! Il fait froid !	Je vais au lit ! Au lit ! Je vais dormir ! Je vais me coucher !
Bonne chance ! Je croise les doigts ! Je touche du bois !	Oui, d'accord !	Tu es fou !
Non !	J'ai faim ! / J'ai bien mangé !	Salut !

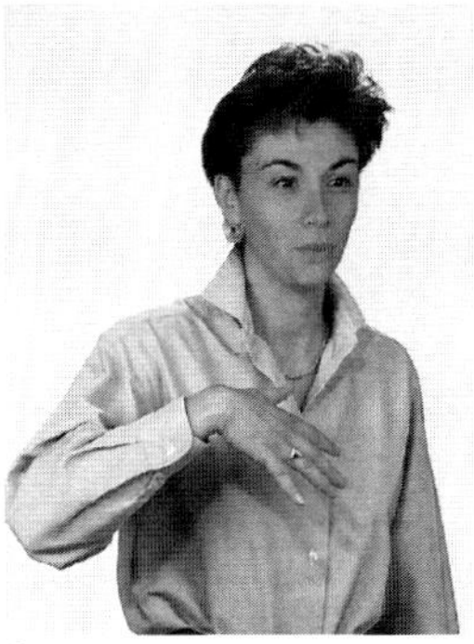
A

B

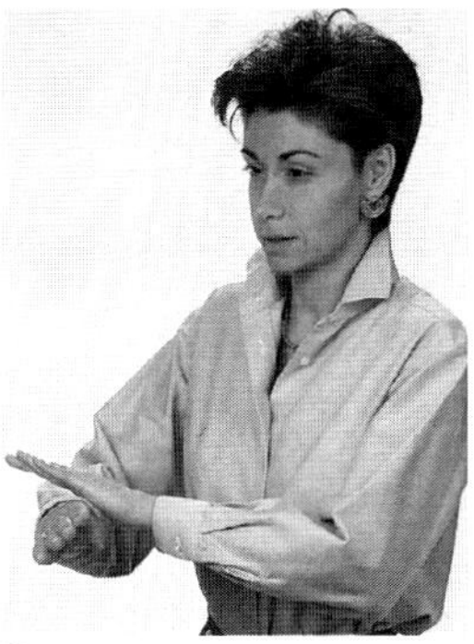
C

D

E

F

1. Je te ne crois pas ! Mon œil !
2. On y va ?
3. Je ne sais pas !
4. On se téléphone !
5. Oh là là !
6. J'en ai ras le bol !

ISBN 978-3-12-525845-7

6. La mimique et le ton : *Le cancre* de J. Prévert

A1 A2 B1

B2

Lernziele

- Mimik und Intonation zum Ausdruck von Gefühlen einsetzen: Langeweile, Freude, Glück
- Mimik: Ja und Nein durch Kopfschütteln (hoch und runter, von links nach rechts) ausdrücken; mit dem Zeigefinger drohen

Material

KV 6 (1 KV pro Person)

Verlauf

Es wird erklärt, dass die Intonation unerlässlich ist, um Gefühle wie z. B. Langeweile, Freude und Glück in diesem Gedicht auszudrücken. Es wird darauf hingewiesen, dass Mimik oft von Worten begleitet wird. Die Lehrperson lässt zunächst einige Sätze des Gedichts von den jeweiligen Spielerpaaren nachsprechen. Danach wird das Gedicht von einigen Gruppen laut im Plenum vorgelesen. Wenn das Vokabular und das Verständnis des Gedichts für das Niveau A1 und A2 Probleme darstellt, können diese ggf. durch die entsprechende Übersetzung behoben werden.

Consignes

a. Écoutez et lisez ce poème.

b. Interprétez à deux le personnage de l'enfant.
Un joueur lit le rôle du cancre malheureux ;
l'autre, le rôle de l'enfant heureux.
Montrez par votre voix que vous êtes heureux ou malheureux !
N'oubliez pas les mimiques : non, on hoche la tête négativement ; oui, positivement.

La mimique et le ton : *Le cancre* de J. Prévert

Écoutez et lisez ce poème.

Interprétez à deux le personnage de l'enfant.
Un joueur lit le rôle du cancre malheureux ; l'autre le rôle de l'enfant heureux.
Montrez par votre voix que vous êtes heureux ou malheureux !
N'oubliez pas les mimiques : non, on hoche la tête négativement; oui, positivement.

Le cancre*

Il dit non avec la tête
mais il dit oui avec le cœur
il dit oui à ce qu'il aime
il dit non au professeur
il est debout
on le questionne
et tous les problèmes sont posés
soudain le fou rire le prend
et il efface* tout
les chiffres et les mots
les dates et les noms
les phrases et les pièges*
et malgré les menaces* du maître
sous les huées* des enfants prodiges
avec des craies de toutes les couleurs
sur le tableau noir du malheur*
il dessine le visage du bonheur.*

Jacques Prévert

Jacques Prévert, Paroles © Éditions Gallimard

1. fauler Schüler ; 2. abwischen ; 3. Fangfrage; 4. Drohung ; 5. Buhrufe ; 6. Unglück ; 7. Glück

ISBN 978-3-12-525845-7

7. Le ton et les sentiments : *L'accent grave* de J. Prévert

A1 A2 B1

B2

Lernziele

- Mit Mimik und Intonation Freude, Träumerei, Unzufriedenheit, Wut ausdrücken
- Mimik: Überraschung: Die Augenbrauen hochziehen, den Mund öffnen
- Unzufriedenheit: Den Kopf von links nach rechts bewegen
- Wut: Den Zeigefinger heben

Material

KV 7 (1 KV par personne)

Verlauf

Das Gedicht wird vorgestellt. Danach wird laut Anweisungen fortgefahren.

A1 A2

Für die Frage c: Die Ausdrücke werden zunächst zusammen im Plenum wiederholt.

Consignes

a. Écoutez et lisez ce texte de Jacques Prévert.

b. Est-ce que ce poème vous plaît ?
Qu'est-ce qui est amusant ?

c. Faire deux groupes :
– Un groupe relève les expressions qui expriment la surprise.
Lisez-les avec l'intonation.
Et faites les mimiques : hausser les sourcils; ouvrir la bouche pour exprimer la surprise.
– L'autre groupe relève les expressions qui expriment le mécontentement.
Lisez-les avec l'intonation.
Et faites les mimiques : hocher la tête négativement; pour exprimer la colère, menacer avec l'index.

d. Faites des paires et entraînez-vous à lire le poème.
Vous êtes satisfaits de votre performance, alors filmez-vous !

Le ton et les sentiments : *L'accent grave* de J. Prévert

Ce poème de Jacques Prévert fait référence au monologue de Hamlet dans la pièce de Shakespeare : « To be or not to be, that is the question » c'est-à-dire en français, « Être ou ne pas être… » En effet, il s'agit d'un dialogue entre un professeur et un élève qui s'appelle « Hamlet ». Mais, ici, le poète critique l'école avec beaucoup d'ironie. Il s'amuse et nous amuse en montrant les particularités de l'orthographe française. Il suffit d'un accent pour changer le sens d'une phrase. Et peut-être de la vie ! Car cet accent est grave !

L'accent grave

Le professeur : Élève Hamlet !

L'élève Hamlet *(sursautant)* : … Hein… Quoi… Qu'est-ce qui se passe… Qu'est-ce qu'il y a… Qu'est-ce que c'est ?

Le professeur *(mécontent)* : Vous ne pouvez pas répondre « présent »comme tout le monde ? Pas possible, vous êtes encore dans les nuages !

L'élève Hamlet : Être ou ne pas être dans les nuages !

Le professeur : Suffit. Pas tant de manières. Et conjuguez-moi le verbe être, comme tout le monde, c'est tout ce que je vous demande.

L'élève Hamlet : To be…

Le professeur : En français, s'il vous plaît, comme tout le monde.

L'élève Hamlet : Bien Monsieur. *(Il conjugue :)* Je suis ou je ne suis pas
Tu es ou tu n'es pas
Il est ou il n'est pas
Nous sommes ou nous ne sommes pas

Le professeur *(excessivement mécontent)* : Mais c'est vous qui n'y êtes pas, mon pauvre ami !

L'élève Hamlet : C'est exact, Monsieur le professeur,
Je suis « où » je ne suis pas
et dans le fond, hein, à la réflexion
être où ne pas être
c'est peut-être aussi la question.

Jacques Prévert

Jacques Prévert, Paroles © Éditions Gallimard

ISBN 978-3-12-525845-7

8. Jeu de cartes des expressions en images

A1 A2 B1 B2

Lernziele
- Vergleich von Redewendungen in 2 Sprachen
- Interaktion bei Gesellschaftsspielen

Material
KV 8 (1 KV pro Gruppe: 24 Karten ausschneiden)

Verlauf
Es wird erklärt, dass in diesem Spiel Redewendungen in 2 Sprachen miteinander verglichen werden. Ziel des Spiels ist, in Paaren mit Frage- und Antworttechniken zu arbeiten. Eine Illustration hilft, die richtige Antwort zu finden.

Beispiel: *Quel temps fait-il ?* (Illustration: un canard)
Il fait un temps de canard !

Achtung ! Da es sich häufig um identische Illustrationen handelt, ist es notwendig, den Text zu lesen und zu verstehen.
Der Spielverlauf richtet sich nach den vorgegebenen Anweisungen.

A1 A2

Für die Niveaus A1 und A2 muss sichergestellt werden, dass das Vokabular und die Illustrationen bekannt sind und verstanden werden.

Am Ende des Spiels sollen die Spieler zwei Ausdrücke in den 2 Sprachen vergleichen und übersetzen.

Consignes
Jeu à 2 ou 3 personnes :
Mélangez les cartes de chaque paquet.
Distribuez les cartes illustrées entre les joueurs.
Le 2ème paquet est placé, face cachée, devant eux.
À tour de rôle, prenez une carte du 2ème paquet.
Si vous pouvez faire une paire, posez-la devant vous.
Celui qui n'a plus de carte a gagné !

Solutions

Elle est autoritaire ?	*Oui, elle est à cheval sur les principes !*
Il est malade ?	*Il a une fièvre de cheval !*
Quel temps fait-il ?	*Il fait un froid de canard !*
Tu as une bronchite ?	*Non, j'ai un chat dans la gorge !*
Ils divorcent ?	*Oui, ils sont comme chien et chat !*
Il n'y a pas de bruit, ici !	*On entend les mouches voler !*
Ils sont heureux, tu crois ?	*Bien sûr, ça saute aux yeux !*
Tu m'écoutes, oui ou non ?	*Je suis tout œil, tout oreille !*
Il a un bon travail ?	*Il gagne son pain !*
Tu as beaucoup de travail ?	*Oui, j'ai du pain sur la planche !*
Tu n'as vraiment pas de tact !	*J'ai mis les pieds dans le plat !*
Elle a réussi l'examen ?	*Oui, et elle en fait tout un plat !*

Jeu de cartes des expressions en images

Jeu à 2 ou 3 personnes : Mélangez les cartes de chaque paquet. Distribuez les cartes illustrées entre les joueurs. Le 2eme paquet est placé, face cachée, devant eux. À tour de rôle, prenez une carte du 2eme paquet. Si vous pouvez faire une paire, posez-la devant vous. Celui qui n'a plus de carte a gagné !

Exemple : Quel temps fait-il ? (un canard)… Il fait un temps de canard !

Celui qui n'a plus de carte a gagné !

Cartes illustrées

Elle est autoritaire ? 	Quel temps fait-il ? 	Tu as une bronchite ? 	Il est malade ? 
Ils divorcent ? 	Ils sont heureux, tu crois ? 	Tu m'écoutes, oui ou non ? 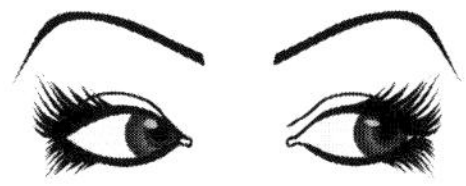	Il a un bon travail ? 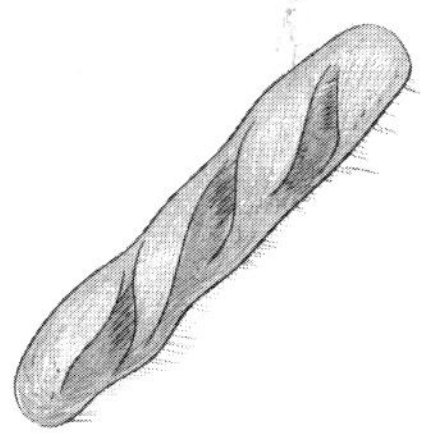
Tu n'as vraiment pas de tact ! 	Elle a réussi l'examen ? 	Tu as beaucoup de travail ? 	Il n'y pas de bruit ici ! 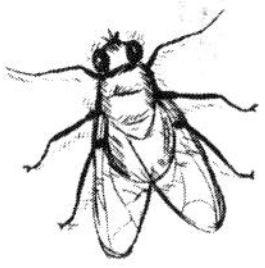

Cartes réponses

Oui, elle est à cheval sur les principes !	Il fait un froid de canard !	Non, j'ai un chat dans la gorge !	Il a une fièvre de cheval !
Oui, ils sont comme chien et chat !	Bien sûr, ça saute aux yeux !	Je suis tout œil tout oreille !	Il gagne son pain !
J'ai mis les pieds dans le plat !	Oui, j'ai du pain sur la planche !	Oui, et elle en fait tout un plat !	On entend les mouches voler !

ISBN 978-3-12-525845-7

9. Le jeu de cartes des proverbes

A2 B1 B2

Lernziele
- Sprichwörter und Volksweisheiten erklären und vergleichen
- Französische und deutsche Sprichwörter übersetzen: *c'est comme en allemand, c'est presque pareil…, ça veut dire la même chose, c'est différent*

Material
KV 9 (die beiden Serien mit je 8 Karten pro Paar ausschneiden)

Verlauf
Es wird erklärt, dass die Sprichwörter eine Volksweisheit ausdrücken. Daher findet man häufig Entsprechungen in den beiden Sprachen. Die Schüler werden gefragt, ob sie deutsche Sprichwörter kennen. Es werden einige der KV 10 aufgesagt. Dann beginnt das Spiel. Ziel des Spiels ist es Paare von dem Sprichwort und seiner Übersetzung zu bilden.

B1 B2

Die Schüler der Niveaus B1, B2 können sich zum Sinn der Sprichwörter äußern.

Consignes
a. *En paires :*
Chacun a 4 cartes-proverbes en français.
À tour de rôle, prenez une carte de la 2e série.
Vous pouvez faire une paire, le proverbe et sa traduction ?
Placez la paire devant vous.
Celui qui n'a plus de carte a gagné !
b. *Quelles différences observez-vous entre les versions française et allemande?*

B1 B2

Parmi ces qualités, lesquelles encouragent-ils ?

la rapidité	*la patience*	*la créativité*	*l'organisation*
le respect	*l'initiative*	*la confiance*	*le travail*
la réflexion	*la spontanéité*	*la modération*	*l'ordre*
la prudence			

Les proverbes

a. En paires : Chacun a 4 cartes-proverbes en français. À tour de rôle, prends une carte de la 2e série. Vous pouvez faire une paire, le proverbe et sa traduction ? Placez la paire devant vous. Celui qui n'a plus de carte a gagné !

Es ist nicht alles Gold, was glänzt.	Lieber spät als nie.	Rom ist nicht an einem Tag erbaut worden.	Zu viel ist ungesund.
Chose promise, chose due.	Tout ce qui brille n'est pas or.	Premier arrivé, premier servi.	L'avenir est à celui qui se lève tôt.
Wer zuerst kommt, mahlt zuerst.	Ein „hab ich" ist mehr wert als zwei „hätt ich".	Morgenstund hat Gold im Mund.	Versprochen ist versprochen.
Paris ne s'est pas fait en un jour.	Trop, c'est trop.	Mieux vaut tard que jamais.	Un « tiens » vaut mieux que deux « tu l'auras ».

b. Quelles différences observez-vous entre les versions française et allemande ? Parmi ces qualités, lesquelles encouragent-ils ?

la rapidité	la patience	la créativité	l'organisation
le respect	l'initiative	la confiance	le travail
la réflexion	la spontanéité	la modération	l'ordre
la prudence			

ISBN 978-3-12-525845-7

10. L'intonation : le jeu du crocodile

A1 A2 B1

Lernziele

- Tonfall zum Ausdruck von Emotionen: Wut, Überraschung, Zufriedenheit, Traurigkeit, Angst, Ekel, Freude

Verlauf

Den Spielern wird erklärt, dass die Intonation und die Gesichtsmimik eine sehr wichtige Rolle im Französischen einnehmen.
Die Spieler sitzen im Kreis. Sie geben einen Gegenstand in einem verschlossenen Säckchen weiter. Sie wiederholen denselben Dialog mit verschiedenen Emotionen (s. Anweisungen und Vorgaben der Lehrperson).

Beispiel: *C'est un crocodile. (neutre)*
C'est quoi ? (la surprise)
Un crocodile ! (neutre)
Ah ! Un crocodile ! J'ai peur… (la peur)

Der Dialog wird mehrere Male im gleichen Ton wiederholt. Die Emotionen werden gewechselt:

a. Angst: *Ah ! Un crocodile ! J'ai peur…*
b. Zufriedenheit: *Ah ! Un crocodile ! C'est bien… Je suis content(e) !*
c. Wut: *Ah ! Un crocodile ! Je n'en veux pas !*
d. Traurigkeit: *Ah ! Un crocodile ! Le pauvre…*
e. Ekel: *Ah ! Un crocodile ! Bah ! Un crocodile ! Quelle horreur* !
f. Freude: *Ah ! Un crocodile ! Je suis si heureux/se !*

Consignes

Expliquer que l'intonation et les mimiques du visage jouent un rôle très important en français.
Les joueurs sont en cercle. Ils se passent un objet caché dans un sac en répétant le même dialogue mais avec une émotion différente selon les consignes et le modèle du professeur.

Exemple : C'est un crocodile. (neutre)
C'est quoi ? (la surprise)
Un crocodile ! (neutre)
Ah ! Un crocodile ! J'ai peur… (la peur)

Faire répéter plusieurs fois le dialogue sur le même ton.
Changer les émotions :

a. la peur : Ah ! Un crocodile ! J'ai peur…
b. la satisfaction : Ah ! Un crocodile ! C'est bien… Je suis content(e) !
c. la colère : Ah ! Un crocodile ! Je n'en veux pas !
d. la tristesse : Ah ! Un crocodile ! Le pauvre…
e. le dégoût : Ah ! Un crocodile ! Bah ! Un crocodile ! Quelle horreur !
f. la joie : Ah ! Un crocodile ! Je suis si heureux/se !

11. C'est en France ou en Allemagne ? L'art sans frontière !

A1 A2 B1 B2

Lernziele

- Ein Foto beschreiben *(un monument, un jardin)*
- Vergleichen: *c'est comme…, ça me fait penser à…*
- Seine Meinung ausdrücken*: à mon avis, selon moi, (main sur la poitrine)*
- Ungewissheit ausdsrücken: *peut-être, je ne sais pas, je ne suis pas sûr/e (faire la moue/einen Schmollmund machen)*
- Ursache und Wirkung ausdrücken

Material

KV 11 (Klett-Online-Code **ntgw273** auf www.klett-sprachen.de eingeben)

Verlauf

Die Spieler sollen sprechen und mutmaßen, wo das Foto aufgenommen wurde.

Consignes

D'après vous, on a fait ces photos en France ou en Allemagne ?
Pourquoi ?

Solutions

A Versailles
B Sanssouci
C un village en Allemagne
D Rennes (crêperie)
E la tour Eiffel
F Funkturm à Berlin (IFA)
G le vieux pont à Heidelberg (château)
H le pont d'Avignon (Palais des Papes)

Ihre Online-Ressourcen

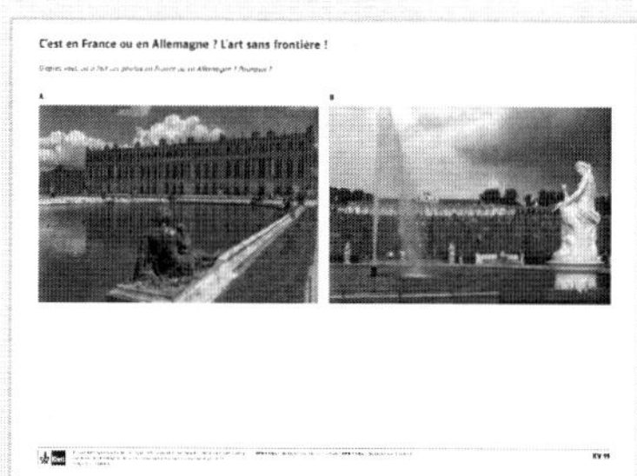

▶ Klett-Online-Code ntgw273 auf www.klett-sprachen.de eingeben

12. Clichés et réalité !

A2 B1 B2

Lernziele

- Minipräsentationen
- Eine Gewohnheit, ein Cliché oder ein französisches Produkt präsentieren: *J'aimerais vous présenter, d'abord je vous parlerai de, ensuite, pour finir, je vais résumer, en conclusion*

Verlauf

Ziel des Spiels ist es, eine Minipräsentation vorzubereiten und vorzutragen. Jeder Spieler sucht sich ein Cliché über Frankreich oder die Franzosen aus. Abwechselnd werden jeweils 3 Minuten über dieses Thema gesprochen. Gut vorbereiten! Wiederholungen sind verboten!

Consignes

Chacun choisit un cliché sur la France ou les Français.
À tour de rôle, vous avez 3 minutes pour parler de ce sujet.
Préparez-vous !
Les répétitions sont interdites !

Thèmes possibles :

le croissant
le camembert
le béret
la mode
le déjeuner du dimanche
l'hexagone
la Provence

13. Jacques a dit : La bise ou pas ?

A1 **A2**

Lernziele

- Sich begrüßen
- Gebrauch: sich die Hand reichen, sich ein Begrüßungsküsschen geben *(faire la bise)*, nichts machen

Verlauf

Es soll erraten werden, ob in den folgenden Situationen, die vorgelesen werden, ein Begrüßungsküsschen gemacht wird oder nicht. Außerdem soll erraten werden, ob man sich die Hand gibt oder nicht oder überhaupt nichts macht.
Gibt man sich ein Begrüßungsküsschen, wird « la bise » in die Luft gemacht.
Gibt man sich die Hand, wird die Hand gehoben.
Sonst wird nichts gemacht.

Consignes

Dans les situations que je vais vous lire, faut-il faire la bise ou pas ? Faut-il serrer la main ou pas ? Ou faut-il ne rien faire ?
S'il faut la bise, faites la bise « dans l'air ».
S'il faut serrer la main, levez la main.
Sinon, ne rien faire.

Exemple : Tu rencontres ta grand-mère. *Vous : bise !*

Exemples et solutions

Tu vois un professeur dans la rue.	*Ne rien faire*
Tu rencontres ta copine.	*Bise*
Ton copain rencontre ton grand-père.	*Serrer la main*
Tes parents rencontrent le principal.	*Serrer la main*
Tu rencontres ta tante.	*Bise*
Tu rencontres tes cousins.	*Bise*
Tu vas chez le boulanger.	*Ne rien faire*
Tu rencontres un voisin.	*Ne rien faire*
Tu vas chez le médecin.	*Serrer la main*
Tu fais connaissance avec un nouveau copain.	*Ne rien faire*
Tu fais connaissance avec un collègue de ton père.	*Serrer la main*
Ta mère rencontre une amie.	*Bise*
Ton père rencontre un copain.	*Ne rien faire/ Serrer la main*

14. L'écho et le miroir : les salutations

A1 A2

Lernziele
- Sich begrüßen
- Französischer Sprachgebrauch: sich die Hand geben, sich ein Begrüßungsküsschen geben *(faire la bise)* oder nichts machen

Material
KV 14 (für A1: 1 pro Person)

Verlauf
Ziel des Spiels ist es, Unterschiede zum deutschen Sprachgebrauch herauszufinden.
Man präsentiert sich nicht mit Nachnahmen, sondern mit Vornamen + Nachnamen oder M/Mme + Nachnamen.
Es soll über den Gebrauch folgender Gesten nachgedacht werden: sich die Hand geben, sich ein Begrüßungsküsschen geben *(faire la bise)* oder nichts machen.
Spielverlauf:

a. Ein Schüler soll mit Ihnen an einem Beispiel vorspielen. Die anderen bilden Paare. Sie wiederholen Ihre Worte und Ihre Gesten
b. Es werden Fragen zum französischen Sprachgebrauch gestellt und die Spieler werden zum Nachdenken angeregt.

A1

Den Teilnehmern des Niveaus A1 wird die KV 13 verteilt. Mit Hilfe der Beispiele werden die Situationen verdeutlicht und erklärt.

Consignes

a. En paires :
répétez après moi comme un écho et faites les mêmes gestes que moi, comme si vous étiez un miroir.
b. Le point sur les salutations :
À qui donne-t-on la main ?
À qui fait-on la bise ?
Comment un adolescent ou un adulte se présente-t-il dans une situation professionnelle ou officielle ?

L'écho et le miroir : les salutations

a. En paires : répétez après moi comme un écho et faites les mêmes gestes que moi comme si vous étiez un miroir :

– Grégoire Jouvet, bonjour. – Bonjour, monsieur Grégoire. *(poignée de main)* Vous êtes notre nouveau stagiaire ?	– Bonjour, mon petit Olivier. – Bonjour, Mamie. *(bises)*
– Laurence Duvivier… – Bonjour madame. *(poignée de main)*	– Bonjour Suzanne. – Salut Valérie. (bises)
– Vous êtes monsieur Dumas ? – Oui, bonjour madame… *(poignée de main)* – … madame Merlin.	– Bonjour, ça fait longtemps… – Oui, on se fait la bise ? *(bises)*
– Bonjour, monsieur. – Bonjour, Laure. Comment vont tes parents ? *(poignée de main)*	– Bonjour ! Ça va ? – Oui, merci. Et vous ? – Oui, oui… Comme toujours…
	– Je m'appelle Kevin. Et toi ? – Moi, c'est Roland.

b. Le point sur les salutations :
À qui donne-t-on la main ? À qui fait-on la bise ?
Comment un adolescent ou un adulte se présente-t-il dans une situation professionnelle ou officielle ?

ISBN 978-3-12-525845-7

15. Les salutations : jeu de rôle

A1 A2

Lernziele

- Sich begrüßen
- Ein Gespräch beginnen
- Französische Eigenheiten kennenlernen: sich die Hand geben, sich ein Begrüßungsküsschen geben *(faire la bise)* oder nicht
- Die Spieler werden darauf hingewiesen, dass man sich nicht nur mit dem Familiennamen, sondern mit Vornamen + Nachnamen oder M/Mme + Nachnamen vorstellt.
- Eine Konversation beginnen: *comment ça va ? Au fait…, je voulais justement te voir…*

Material

KV 15: 15 Karten (1 KV pro 15 Personen)

Verlauf

Pro 15er-Gruppe: Es wird eine Karte pro Teilnehmer vorbereitet.
Jeder Spieler erhält eine Karte. Der Spieler spielt die auf der Karte vorgegebene Rolle. Die Spieler sollen im Klassenzimmer umherlaufen und mit 3 weiteren Mitspielern eine Konversation führen. Am Ende sollen sie sich nach Familien oder nach Vorlieben zusammenfinden.

Consignes

Prenez une carte d'identité puis circulez dans la classe et rencontrez 3 voisins.
Saluez chacun d'eux : faut-il leur faire la bise, leur serrer la main ou ne rien faire ?
Ouvrez la conversation avec eux.
Si nécessaire, vous vous présentez.
Regroupez-vous par familles et par goûts.

Les salutations : jeu de rôle

Prenez une carte d'identité puis circulez dans la classe et rencontrez 3 voisins.
Saluez chacun d'eux : faut-il leur faire la bise, leur serrer la main ou ne rien faire ?
Ouvrez la conversation avec eux.
Si nécessaire, vous vous présentez.
Regroupez-vous par familles et par goûts.

Caroline Dumas	Alice Maurois	Mme Dupré	Mme Maurois	Madeleine Preux
lycéenne loisirs : sports, musique	collégienne amie de Marc et de Caroline n'aime pas les maths loisirs : voyages en France	professeur de maths au collège aime lire n'aime pas Alice Maurois !	mère d'Alice. aime parler français	étudiante donne des cours privés
Marc Morel	**Justin Roblin**	**Dupré**	**Maurois**	**Mme Preux**
lycéen ami d'Alice et de Justin loisirs : voyages à l'étranger, sports	collégien ami de Marc et d'Alice loisirs : aime parler français	directeur du lycée aime organiser des voyages pour les jeunes	père d'Alice loisirs : sports, musique, lecture	mère de Madeleine professeur à la retraite aime s'occuper des jeunes
Mme Lalot	**Stéphane Courtaud**	**Philippe Guérout**	**Claire Voyer**	**Lemasson**
secrétaire aime le calme et la campagne	collégien n'aime pas la prof de maths ; prend des cours privés	collégien n'aime pas les maths	lycéenne prend des cours avec Madeleine Preux	concierge du lycée aime les vacances

ISBN 978-3-12-525845-7

16. Situations : On n'est pas toujours à l'heure !

A2 B1

Lernziele

- Erzählen
- Nach Erklärungen fragen: *je ne comprends pas pourquoi…, qu'est-ce que j'ai fait de mal ? qu'est-ce que j'aurais dû faire ?*
- Sich entschuldigen: *je ne savais pas…, excuse-moi*
- Über landestypische Gewohnheiten nachdenken: Pünktlichkeit

Material

KV 16 (1 KV pro Teilnehmer)

Verlauf

Es wird erklärt, dass die Franzosen den Ruf haben, immer zu spät zu kommen. Das stimmt aber überhaupt nicht! In Wirklichkeit unterscheiden sich zwar deren Gewohnheiten, aber die Höflichkeit ändert sich nie! Es handelt sich hier um 2 Fallstudien.
Die Schüler sollen Paare bilden und die 2 Situationen spielen.
Sie unterhalten sich im Plenum über den Gebrauch im Französischen und Deutschen.

Consignes

a. Mettez-vous en paires et jouez les 2 situations.
b. Finalement pouvez-vous résumer l'attitude des Français en ce qui concerne la ponctualité ?

Situations : On n'est pas toujours à l'heure !

a. Mettez-vous en paires et jouez les 2 situations suivantes.
b. Finalement, pouvez-vous résumer l'attitude des Français en ce qui concerne à la ponctualité ?

Situation 1

Joueur A

Tu es en France chez ton corres. Pendant qu'il va à son cours de musique, tu fais un tour dans les magasins. Vous avez rendez-vous à 15 heures avec ses parents pour aller visiter un château des environs. Tu arrives avec 5 minutes de retard. Ses parents sont mécontents. Le soir, tu lui dis que tu ne comprends pas pourquoi ses parents étaient mécontents… On dit que les Français arrivent toujours en retard !
C'est toi qui commence : « Dis-donc, cet après-midi, tes parents n'étaient pas contents… »

Joueur B

Ton corres passe une semaine chez toi. Pendant que tu vas à ton cours de musique, il fait un tour dans les magasins. Vous avez rendez-vous à 15 heures avec ses parents pour aller visiter un château des environs. Il arrive avec 5 minutes de retard. Réponds à ton corres. Rappelle-lui les règles de politesse entre adultes et jeunes. Mais explique-lui aussi que pour une invitation à déjeuner ou à diner, on arrive environ 5 à 10 minutes plus tard.

Situation 2

Joueur A

Tu passes une semaine en France chez ton corres. Aujourd'hui il va à une interview pour un stage. Sa tante t'invite à déjeuner à 12 heures. Tu arrives à 11 heures 45. Elle n'a pas l'air contente. Le soir, tu en parles à ton corres.

Joueur B

Ton corres passe une semaine en France chez toi. Aujourd'hui, tu vas à une interview pour un stage. Ta tante l'a invité à déjeuner à 12 heures. Le soir il te raconte sa journée. Réponds à ses questions. Explique-lui que pour une invitation à déjeuner ou à diner, pour ne pas gêner la maîtresse de maison, on n'arrive pas en avance mais plutôt avec 5 à 10 minutes en retard.
C'est toi qui commence : « Alors, qu'est-ce que tu as fait aujourd'hui…? »

ISBN 978-3-12-525845-7

17. Les cartes de la politesse

A1 A2

Lernziele

- Höflichkeitsfloskeln
- Interaktion bei Gesellschaftsspielen: *C'est à toi de jouer ! C'est mon tour ! Prends une carte…*

Material

KV 17: 40 Karten (1 Kartenset pro 4-er Gruppe)

Verlauf

Ein Kartenspiel für jede 4-er Gruppe vorbereiten. Jeder Spieler erhält 5 Karten. Ziel des Spiels ist es, Kartenpaare aus dem Kartenstapel zu bilden.

Consignes

En groupes de 4, chaque joueur a 5 cartes. À tour de rôle : prenez une carte de la pioche. Si vous pouvez faire une paire, posez cette paire devant vous. Votre voisin continue. Le 1er qui n'a plus de carte a gagné.

Solutions possibles

À table !	*Bon appétit !*
Bon appétit !	*Vous aussi ! (Toi aussi !)*
Meilleurs vœux !	*Merci ! C'est gentil, merci ! Joyeux anniversaire ! Bonne année !*
Pardon !	*Excuse-moi ! Je suis désolé(e) ! Ce n'est pas grave ! Ça ne fait rien !*
Excuse-moi !	*Ce n'est pas grave ! Ça ne fait rien !*
Au revoir !	*À la semaine prochaine ! Alors, bon voyage !*
Merci !	*De rien !*
Je suis désolé(e)	*Ce n'est pas grave ! Ça ne fait rien ! Ne vous inquiétez pas ! C'est vraiment dommage !*
Voilà un petit cadeau…	*Merci ! Il ne fallait pas… C'est gentil. Merci. Merci.*
Vous voulez vous asseoir ?	*C'est gentil. Merci. Volontiers.*
Comment allez-vous ?	*Bien, merci. / Je suis malade.*
Téléphonez-moi !	*D'accord ! Volontiers. Ne vous inquiétez pas !*
Ne vous inquiétez pas !	*Ce n'est pas grave ! Ça ne fait rien ! Téléphonez-moi !*
Merci pour l'invitation!	*Je suis désolé(e) ! C'est vraiment dommage !*
Malheureusement…	*Ce sera pour une autre fois !* *Ce n'est pas grave ! Ça ne fait rien !*
Ça sera pour une autre fois !	*Je suis désolé(e) ! C'est vraiment dommage !*
C'est vraiment dommage !	*Je suis désolé(e)!*
Ça ne fait rien !	*Ne vous inquiétez pas ! Je suis désolé(e)!*
J'ai réussi l'examen !	*Félicitations !*
Félicitations !	*Merci !*
Je suis malade!	*Bon rétablissement !*
Bon rétablissement !	*Merci !*
Je pars demain en vacances !	*Alors, bon voyage !*
Joyeux anniversaire !	*Merci ! Meilleurs vœux !*
Tu as éternué !	*À tes souhaits !*
À tes souhaits !	*Merci !*
À la semaine prochaine !	*D'accord. Volontiers.*
Bonne année !	*Merci ! C'est gentil, merci ! Meilleurs vœux ! Vous aussi ! (Toi aussi !)*
Joyeux Noël !	*Merci ! Vous aussi ! (Toi aussi !)*
Dites-lui bonjour de ma part !	*Je n'y manquerai pas !*
On se revoit quand ?	*Téléphonez-moi !*

Les cartes de la politesse

À table !

Volontiers

On se revoit quand ?

Excuse-moi ! :(

Au revoir !

Merci

De rien !

Je suis désolé(e) !

Ce n'est pas grave !

Voilà un petit cadeau !

Merci ! Il ne fallait pas…

Vous voulez vous asseoir ?

C'est gentil. Merci.

Comment allez-vous ?

Bien, merci.

Téléphonez-moi !

Ne vous inquiétez pas !

Merci pour l'invitation ! Malheureusement…

Ça sera pour une autre fois !

C'est vraiment dommage…

Ça ne fait rien !

J'ai réussi l'examen !

Je suis malade !

Bon rétablissement !

Je pars demain en vacances !

Alors bon voyage !

Vous aussi ! (Toi aussi !)

Tu as éternué ?

À tes souhaits !

À la semaine prochaine !

Dites-lui bonjour de ma part !

D'accord !

Je n'y manquerai pas !

ISBN 978-3-12-525845-7

18. Le jeu du hasard : Je peux te demander un service ?

A1 A2 B1

Lernziele

- Ein Gespräch beginnen: *Dis-donc…, Au fait…, Excuse-moi mais…, Je voudrais vous demander si…, J'ai de gros problèmes…*
- Um Rat fragen *(le conditionnel de politesse)*
- Sich je nach Gesprächspartner unterschiedlich ausdrücken
- Zustimmen/akzeptieren: *d'accord, avec plaisir, bien sûr*
- Ablehnen: *je regrette mais…, malheureusement …, (ne pas oublier les mimiques)*
- Interaktion bei Gesellschaftsspielen: *C'est à lui/elle de jouer ! C'est ton tour ! Jette le dé !*

Material

KV 18 und ein Würfel pro Gruppe

Verlauf

Es wird geübt, sich in schwierigen Situationen angemessen und freundlich zu verhalten. Es wird nacheinander gewürfelt. Die Nummer des Würfels entspricht der Person, die man um einen Gefallen bittet. Es soll nach plausiblen Argumenten gesucht werden.

Consignes

À tour de rôle, jeter le dé.
Le numéro du dé correspond à la personne à qui on demande le service.
Rejetez le dé.
Le numéro du dé correspond au service que vous devez demander.
Trouvez des arguments plausibles !
Expliquez-vous avec tact !
Exemple :

> *Je jette le dé. Le dé marque 1 : Je demande un service à un voisin.*
> *Je rejette le dé. Le dé marque 4 : Je lui demande de me prêter son ordinateur.*

« Bonjour ! J'ai un gros problème. Je dois absolument terminer mon travail. Mon ordinateur est en panne … »

À vous de continuer !

Le jeu de hasard : Je peux te demander un service ?

À tour de rôle, jeter le dé. Le numéro du dé correspond à la personne à qui on demande le service. Rejetez le dé. Le numéro du dé correspond au service que vous devez demander. Trouvez des arguments plausibles ! Expliquez-vous avec tact !

Exemple : Je jette le dé. Le dé marque 1 : Je demande un service à un voisin.
Je rejette le dé. Le dé marque 4 : Je lui demande de me prêter son ordinateur.

« Bonjour ! J'ai un gros problème. Je dois absolument terminer mon travail. Mon ordinateur est en panne … »
À vous de continuer !

Les personnes :

un voisin/une voisine 

un copain/une copine 

la mère de ta copine 

le/la gardien/ne 

le/la stagiaire 

ton frère/ta sœur 

Les services :

 Service : faire du café

 Service : faire le ménage dans les escaliers

 Service : te conduire à l'aéroport

 Service : te prêter son ordinateur

 Service : porter un pack d'eau au 6e étage sans ascenseur.

 Service : t'accompagner au cinéma

ISBN 978-3-12-525845-7

19. Situations : Une réponse aimable… en toute circonstance !

A1 A2 B1

Lernziele

- Ein Gespräch beginnen
- Um Rat fragen (s. Übung 18)
- Zustimmen/akzeptieren/ablehnen etwas zu tun (s. Übung 17)
- Intonation/Mimik

Verlauf

Ziel des Spiels ist es, freundlich einer Dienstleistung zuzustimmen oder diese abzulehnen.
Die Spieler wählen in Paaren ein Frage-Antwortkärtchen. Die Spieler sollen sich eine Situation ausdenken, in der einer anderen Person eine Dienstleistung entgegengebracht wird. Dann bilden sie Minidialoge mit Hilfe der vorgegebenen Redewendungen. Sie spielen dann den Dialog im Plenum mit Mimik und Gestik vor.

Consignes

Le but du jeu est de d'accepter ou de refuser aimablement de rendre un service.
En paires, choisissez une phrase-réponse et pensez à une situation : vous demandez un service à quelqu'un.
Faites un mini-dialogue avec la phrase-réponse choisie.
Jouez ensuite le dialogue avec mimiques et gestes.

Excuse-moi, mais… À ta place, je demanderais à…
Avec plaisir ! Fais-moi voir…
D'accord, mais… Tu pourrais peut-être…
Je n'ai pas le temps !… Malheureusement… Peut-être…
Tout de suite ! Je ne sais pas si…
Bien sûr, mais aujourd'hui…
Les ordinateurs, moi, je n'y connais rien !
Pas de problème ! Montre-moi…

20. Jeu de l'oie du téléphone

A1 A2

Lernziele

- Telefonkontakt aufnehmen: *Allô ? Je voudrais parler à..., Sébastien à l'appareil...,*
- Ein Telefongespräch führen: *Ne quittez pas, je vous le/la passe,...*
- Interaktion bei Gesellschaftsspielen (s. Spiel 17)

Material

KV 20 (Klett-Online-Code **ntgw273** auf www.klett-sprachen.de eingeben)
+ ein Würfel (pro Gruppe) und eine Münze pro Person

Verlauf

Vor Spielbeginn werden die Redewendungen zum Telefongespräch durchgesprochen. Es wird darauf hingewiesen, dass es in Frankreich und Deutschland andere Gewohnheiten am Telefon gibt. In Frankreich hebt man den Hörer ab und sagt *Allô ?*. Um die Spieldauer einzugrenzen, können nur 2 Durchläufe durchgeführt werden (beim 2. Mal ab Frage 8).

Consignes

À tour de rôle, lancez le dé.
Avancez votre pion du nombre de cases indiqué par le chiffre du dé.
Répondez à la question.
Si les autres pensent que votre réponse n'est pas correcte, retournez à la case d'où vous venez.
C'est au joueur suivant de jouer.
Le premier qui a fini a gagné !

Solutions

1. *Je voudrais parler à M (ou Mme) .... s'il vous plaît.*
2. *Allô, c'est Papy ? / Je voudrais parler à Grand-père (à Papy) s'il te plaît.*
3. *Allô ?*
4. *Je voudrais prendre rendez-vous.*
5. *.............. à l'appareil.*
6. *M Lebrun ? Un instant, je vous le passe. / Un instant, je l'appelle...*
7. *M Lebrun n'est pas là.*
8. *J'appelle au sujet du concert.*
9. *Un instant, ne quittez pas s'il vous plaît.*
10. *Vous pouvez rappeler plus tard s'il vous plaît ?/ Tu peux rappeler plus tard s'il te plaît ?*
11. *Je n'ai pas compris. Vous pouvez répéter s'il vous plaît ?/ Tu peux répéter s'il te plaît ?*
12. *Je me suis trompé/e de numéro. Excusez-moi. / Excuse-moi.*
13. *Quel est votre numéro de téléphone ?*
14. *Un instant, ne quittez pas. (Je l'appelle.) / Un instant, ne quitte pas...*
15. *Vous pouvez parler plus lentement s'il vous plaît ? / Tu peux parler plus lentement s'il te plaît ?*
16. *Je n'entends pas bien. Vous pouvez répéter s'il vous plaît ? / Tu peux répéter s'il te plaît ?*
17. *Excusez-moi, je suis malade. Pouvez-vous changer la date de mon rendez-vous s'il vous plaît ?*
18. *Propositions : Allô, c'est Nicolas. Tu peux me rappeler ce soir s'il te plaît ? Merci.*
    C'est Maman à l'appareil. Je te rappelle plus tard. Bisous !

Ihre Online-Ressourcen

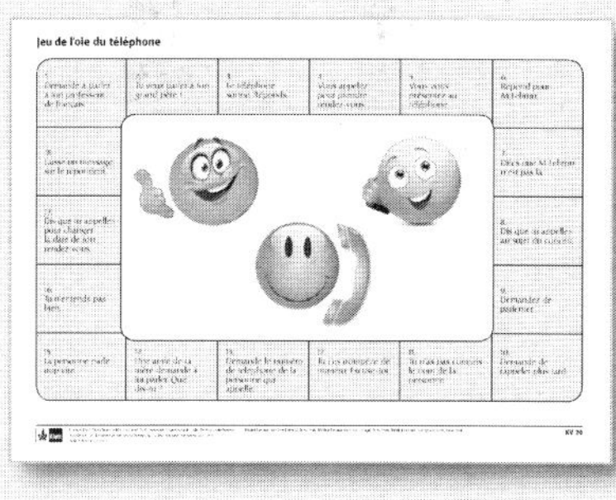

▶ Klett-Online-Code ntgw273 auf www.klett-sprachen.de eingeben

21. Au téléphone : les malentendus

A1 A2 B1

Lernziele
- Telefonkontakt aufnehmen (s. Spiel 20)
- Sagen, dass man etwas nicht verstanden hat: *je ne comprends pas de quoi tu parles…*
- Nach Erklärungen fragen/Erklärungen geben: *De quoi s'agit-il ? Je ne me souviens pas… expliquez-moi…*

Material
KV 21 (1 KV pro Person)

Verlauf
Die Schüler sollen in Paaren die beiden Situationen spielen. Sie dürfen die Rolle ihres Partners nicht lesen.

Consignes
Jeu à 2 – Ne lis pas le rôle de ton partenaire !

Au téléphone : les malentendus

Jeu à 2 – Ne lis pas le rôle de ton partenaire !

Le château de Gaillon

Situation 1

Joueur A
Tu séjournes à Gaillon. Le téléphone sonne. Réponds. C'est quelqu'un que tu ne connais pas.
Commence : « Allô ?.....

Joueur B
Tu es venu à Gaillon en train pour visiter le musée. Au musée, tu cherches ton porte-monnaie mais tu l'as perdu ! La semaine dernière, tu as rencontré sur la plage un jeune, Maxime, qui habite Gaillon. Il t'a donné son numéro de téléphone. Téléphone-lui pour lui demander de t'aider.

Le château de Blois

Situation 2

Joueur A
Tu es en train de lire un guide sur le château de Blois. Tu y vas demain avec ton amie Mélanie. Le téléphone sonne. Ça tombe bien, tu veux justement lui poser des questions sur Blois.

Joueur B
Ton copain t'a proposé de te prêter un livre. Tu lui téléphones pour lui demander si tu peux venir le prendre demain. Tu ne comprends rien à ce qu'il te raconte ! Au fait, tu t'appelles Amélie.
Commence : « Allô ?...

ISBN 978-3-12-525845-7

22. Du tac au tac ! Les contacts au téléphone

A2 B1

Lernziele

- Telefonkontakt herstellen: *Allô ?...* (s. Spiel 20)
- Seine Meinung ausdrücken: *Je suis d'accord/pas d'accord..., Moi non plus..., Je suis de cet avis..., Moi aussi, je pense que..., C'est vrai, C'est faux*

Verlauf

Es wird daran erinnert, dass in Frankreich ein Telefongespräch mit *Allô ?* begonnen wird. In Deutschland sagt man seinen Namen. In diesem Spiel werden Gewohnheiten des jeweiligen Landes miteinander verglichen. Die Spieler sollen schnell reagieren, „wie du mir, so ich dir", um ihre Meinung auszudrücken. Es wird erwartet, dass sie die Gespräche variieren. Vor Spielbeginn sollen Redewendungen zur Meinungsäußerung wiederholt werden. Es wird außerdem darauf hingewiesen, dass sich Firmen wie folgt am Telefon melden: *„Entreprise X, bonjour"*.

In 9er Gruppen spielen. Die Argumente der KV werden vorgelesen.

A1 A2 B1

Austausch im Plenum. Die Lehrkraft liest die Argumente der KV.

Consignes

a. L'usage, c'est l'usage ! On doit le respecter !
En France, on établit le contact au téléphone en disant « Allô ? » alors qu'en Allemagne, on dit son nom.
Vous, qu'en pensez-vous ?
À tour de rôle, répondez, du tac au tac, aux arguments des Français.
Les répétitions sont interdites !

Exemple

– Quand je réponds au téléphone, en France, je dis « Allô ? ».

- *C'est normal.*
  OU
- *Je ne suis pas d'accord !*

b. Dans d'autres pays, savez-vous comment on établit le contact ?

Solutions

a. c'est normal !
C'est plus logique !
Il y a moins d'erreurs !
Ça va plus vite !
Il y a moins de malentendus !
Ce n'est pas à moi de me présenter !
Je veux savoir qui on demande...
C'est la personne qui appelle qui doit se présenter !
Je ne veux pas répondre pour les ventes au téléphone !
Je ne veux pas dire mon nom à un inconnu !

b. En France, c'est comme dans beaucoup d'autres pays. En Espagne, on dit : « Digame » (Dites-moi). Aux États-Unis, on dit : « Hello ? »

23. Pile ou face : La fête !

A1 A2

Lernziele

- Ein Gespräch beginnen, ein Kompliment machen, sich verabschieden
- Gestik/Mimik: *faire la bise ou pas ?*
- Interaktion bei Unterhaltungsspielen: *C'est à toi de jouer ! C'est ton tour !*

Material

KV 23 (Klett-Online-Code **ntgw273**
auf www.klett-sprachen.de eingeben)
ein Geldstück pro Person

Verlauf

Es wird darauf verwiesen, dass die Spieler Gesten und Mimik machen sollen.
Es wird zu zweit gespielt. Das Geldstück wird geworfen. Kopf oder Zahl ? Kopf bedeutet: 2 Felder vorrücken. Zahl bedeutet: 1 Feld zurückgehen.
Die Frage wird beantwortet. Bei einer richtigen Antwort darf nochmals gespielt werden. Wer kommt als erster am Ziel an ?

Consignes

Vous jouez à 2. Lancez la pièce de monnaie. Pile ou face ? Pile veut dire « avancez de 2 cases ». Face, « reculez d'une case ».
Répondez à la question. Votre réponse est bonne ? Alors jouez encore une fois.
Qui arrivera le premier ?

Solutions

2. *C'est pour toi ! J'espère que ça te fera plaisir !*
3. *Merci. C'est très gentil ! Ça me plaît beaucoup !*
4. *Merci.*
5. *Bonjour. (il /elle l'embrasse)*
6. *Excuse-moi, je suis en retard. J'ai raté le train…*
7. *Tu veux boire quelque chose ?*
9. *Excusez-moi…*
10. *Ce gâteau est délicieux. C'est toi qui l'as fait ?*
11. *Dis-donc, tu le/la connais ?… Tu me présentes ?*
12. *C'est toi qui as fait ce gâteau… c'est curieux…*
13. *Non merci, c'est excellent ! Mais vraiment, je ne peux plus…*
14. *Comment va ton père ?*
15. *Je reprendrais bien à boire.*
17. *Je suis content(e) de te revoir.*
18. *Tu as l'air en pleine forme !*
19. *Dis bonjour à ta femme de ma part.*
20. *Quelle heure est-il ?*
21. *Je te remercie pour cette soirée. Malheureusement, je dois partir à cause de mon train.*

Ihre Online-Ressourcen

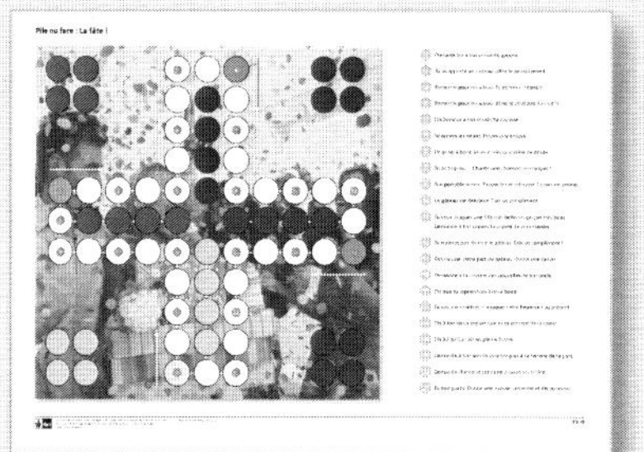

▶ Klett-Online-Code ntgw273 auf www.klett-sprachen.de eingeben

24. Des erreurs se sont glissées sur le menu...

A1 A2 B1

Lernziele

- Eine Speisekarte verstehen: *Qu'est-ce que c'est ? Est-ce que c'est... ?*
- Fehler korrigieren: *ce n'est pas... il y a une erreur..., c'est faux... ce n'est pas vrai*

Verlauf

Seine Meinung äußern, Fehler berichtigen und richtig stellen.

Consignes

Des erreurs se sont glissées sur le menu... En paires, mettez-vous d'accord et corrigez-les ! Quelle équipe terminera en premier ?

Exemple : Je ne sais pas si le melon au porto est une entrée. Et toi ?... Continuez !

Exemples :

Entrées	*Soufflé au fromage*
	Chou à la crème
	Melon au porto
Viande	*Chateaubriand*
	Rôti de porc
	Saumon
Poissons	*Sole meunière*
	Truite aux amandes
	Foie de veau
Légumes	*Confit d'oie*
	Haricots verts
	Ratatouille
Desserts	*Gâteau aux noix*
	Gratin dauphinois
	Tarte aux pommes

25. Un menu gastronomique

A1 A2

Lernziele

- Sagen, was man nicht verstanden hat: *Qu'est-ce que tu as dit ?* (Mimik: die Augenbrauen hochziehen)
- Fragen, wie man etwas schreibt: *Comment ça s'écrit ? Tu peux épeler s'il te plaît ?*
- Etwas soll wiederholt werden: *Tu peux répéter ?*
- Nach Erklärungen fragen: *Qu'est-ce que c'est ? C'est fait avec quoi ?* (Mimik: die Augenbrauen hochziehen)
- Sich einigen: *Ça te va ? Tu es d'accord ? Qu'est-ce que tu en dis ?*

Material

KV 25 (1 KV pro Paar ausschneiden)
(Klett-Online-Code **ntgw273** auf www.klett-sprachen.de eingeben)

Verlauf

Gemeinsam wird ein Kochmenü bestimmt. Ziel des Spiels ist es, Wörter/Gerichte, die man nicht kennt, zu erklären und die Rechtschreibung zu überprüfen, bevor das Menürezept vorbereitet wird. Dazu kann ein Wörterbuch herangezogen werden, danach muss es aber auf Französisch erklärt werden. Es folgt der Austausch im Plenum.

Consignes

Jouez la situation en paires : Vous préparez un repas gastronomique. Chacun de vous a pensé à un menu. Mettez-vous d'accord sur le menu définitif. S'il y a des plats que tu ne connais pas, demande ce que c'est. Le menu doit comprendre : une entrée, une viande ou un poisson, des légumes, un ou deux desserts au choix !
Présentez votre menu par écrit. Ne faites pas de faute d'orthographe !

Solutions

***Joueur A** : Tu proposes :*
– du poulpe (Tu n'en as jamais mangé !)
– une ratatouille
– une île flottante ou un far (Tu aimerais bien y goûté !)
Tu n'aimes pas la salade !
Explications : Le poulpe vit aussi Méditerranée.
On fait la ratatouille avec oignons, courgettes, tomates, aubergines, ail, cuits dans de l'huile d'olive.
L'île flottante est une crème anglaise avec des blancs d'œufs en neige.
Le far est un gâteau breton. La recette est très simple : œufs, beurre, sucre, farine et lait. La recette la plus connue est celle avec des pruneaux, bien que traditionnellement le far n›en comporte pas.

***Joueur B** : Tu proposes :*
– une bouillabaisse avec une rouille ou un gigot d'agneau avec des flageolets
– des tomates farcies (Tu aimes bien ça !)
– une salade de gésiers.
– un mont-blanc (Tu le préfères avec beaucoup de chantilly !)
Explications : La bouillabaisse est une soupe de poissons, spécialité de Provence.
La rouille est une sorte de mayonnaise qu'on sert avec la bouillabaisse.
La salade de gésiers, c'est une salade verte avec des « estomacs » de poulet chauds.
Le mont-blanc est un dessert de crème de marrons avec de la crème fraîche.

Ihre Online-Ressourcen

▶ Klett-Online-Code ntgw273 auf www.klett-sprachen.de eingeben

26. Quiz : le savoir-vivre en France

A1 A2 B1

Lernziele
- Sich in der Gesellschaft richtig verhalten
- Seine Meinung äußern, Ungewissheit ausdrücken: *Je ne sais pas, je ne suis pas sûr/e, il me semble que, à mon avis, selon ce que j'ai entendu dire*
- Überraschung ausdrücken: *Je ne savais pas ! Ça alors ! Ah bon !*
- Interaktion bei Gesellschaftsspielen: *Qu'est-ce que tu en penses ? À ton avis… ?*

Material
KV 26 (1 KV pro Person)

Verlauf
Jeder erhält die KV 26. In Paaren werden nacheinander die Fragen beantwortet. Es wird darauf hingewiesen, dass Antworten genauso wichtig sind wie dem Gegenüber das Wort zu überlassen.

Consignes
À tour de rôle, répondez à ces questions.
Comptez vos points.

Solutions
1. b 2. a 3. b 4. a 5. a 6. b 7. b 8. b 9. b 10. a

Quiz : le savoir-vivre en France

À tour de rôle, répondez à ces questions. Comptez vos points.

1. Vous êtes invité/e à dîner pour 20 heures. Vous arrivez à :
   a. 19 heures 45. b. 20 heures 10.

2. Vous prenez l'apéritif chez des amis. Vous partez vers :
   a. 19 heures 30. b. 20 heures 30.

3. Vous êtes chez des amis pour le thé. Vous restez :
   a. une heure environ. b. tout l'après-midi.

4. Avant de commencer le repas, vous grignotez un peu de pain en attendant d'être servi.
   a. Ça ne se fait pas ! b. Pourquoi pas ! c. C'est bon !

5. À table ! Il est permis de…
   a. couper les pommes de terre au couteau. b. couper la salade au couteau.

6. Votre morceau de pain est croustillant. Pour en manger…
   a. vous croquez dedans. b. vous prenez à la main un petit morceau.

7. Au café ou au restaurant, il n'y a pas de table libre.
   a. Vous partagez une table avec quelqu'un que vous ne connaissez pas. b. Dommage ! Vous allez ailleurs…

8. Au restaurant, je demande une carafe d'eau. On m'apporte :
   a. de l'eau minérale. b. de l'eau du robinet.

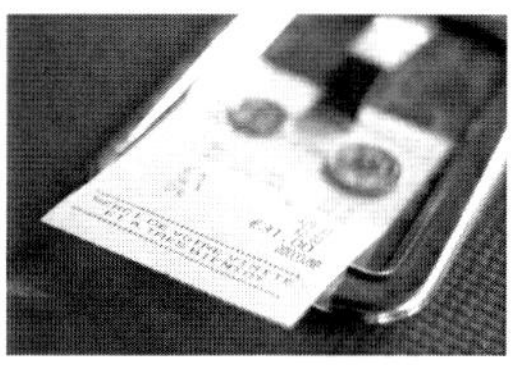

9. Au café ou au restaurant, pour le pourboire…
   a. vous arrondissez l'addition. b. vous laissez en partant le pourboire sur la table.

10. Vous prenez un taxi. Vous vous asseyez…
   a. à l'arrière. b. où vous voulez : à côté du chauffeur ou à l'arrière.

ISBN 978-3-12-525845-7

27. Scènes de la vie quotidienne en photos

A1 A2 B1

Lernziele

- Ein Foto beschreiben: *on voit…, il y a…, devant, derrière, sur le côté…*
- Vermutungen anstellen: *Peut-être que…, je suppose que…*

Material

KV 27 (1 KV pro Person)
(Klett-Online-Code **ntgw273** auf www.klett-sprachen.de eingeben)

Verlauf

Ziel dieser Aktivität ist es, Szenen aus dem typisch französischen Alltagsleben zu präsentieren. Alle Teilnehmer sprechen über ein ausgewähltes Foto, das beschrieben wird. Die Teilnehmer sollen Vermutungen zum Geschehen auf dem Foto äußern. Am Ende erklärt die Lehrperson die Situation.

Consignes

Décrivez cette photo.
Qu'est-ce qui se passe ?
Vous ne savez pas exactement ?
Alors faites des hypothèses !
Exemple : Peut-être qu'il n'y a plus de pain !

Situations

1. *La sortie d'une école : les mamans attendent avec le goûter (Der Schulalltag endet für alle Schüler um 16.30 Uhr. Die Mütter warten mit kleinen Snacks auf ihre Kinder.)*
2. *La queue devant une boulangerie (Da Brot und Baguette in Frankreich frisch gegessen werden, gibt es am Abend oder am Sonntagmorgen oft eine Schlange vor den Bäckereien, wo Kunden auf frischen Nachschub warten.)*
3. *Une table mise pour le petit-déjeuner, sans assiette; tartines sur la nappe (Ein gedeckter Frühstückstisch ohne Teller. Die Butterbrote sind auf dem Tischtuch.)*
4. *Une pile de journaux gratuits dans le métro et une poubelle pleine de journaux lus (Ein Stapel von Gratiszeitungen liegt in der Metro. Bereits gelesene Zeitungen liegen um Mülleimer herum. Die Tageszeitungen sind gratis und werden durch Werbung finanziert. Leider sind die Mülleimer nicht immer groß genug.)*
5. *Une voiture qui passe au feu rouge (Es passiert oft, dass Auto soder Fußgänger trotz einer roten Ampel fahren oder über die Straße gehen!)*
6. *Une file de taxis. Ils sont de toutes les marques et de toutes les couleurs. (Ein Taxistand: Es gibt Wagen in allen Marken und Farben.)*

Ihre Online-Ressourcen

▶ Klett-Online-Code ntgw273 auf www.klett-sprachen.de eingeben

28. Reportage : scènes de la vie quotidienne

A2 B1

Lernziele

- Alltagsszenen in Frankreich beobachten
- Eine Sendung und Journalisten präsentieren: *notre émission a pour thème.../, je vous présente nos journalistes...*
- Eine Minipräsentation machen: *je vais vous parler de..., j'ai choisi cette photo parce que...*
- Ein Foto beschreiben (s. Spiel 27)
- Zusammenfassen, schlussfolgern, sich bedanken: *notre émission se termine..., je remercie...*

Material

KV 27 (1 KV pro Person)
(Klett-Online-Code **ntgw273** auf www.klett-sprachen.de eingeben)

Verlauf

Ziel des Spiels ist es, eine Minipräsentation vorzubereiten und zu üben.
Das Spiel wird wie Spiel 25 durchgeführt. Es muss sichergestellt werden, dass die „Journalisten" die Situation, die sie beschreiben, kennen.
Ein Moderator verlangt von Journalisten, ein Foto zu kommentieren.
Es wird in 6-er Gruppen gespielt: Ein Moderator und 5 Journalisten mit jeweils einem anderen Foto.
Die Vorbereitungszeit beträgt für die Journalisten und den Moderator jeweils 3 Minuten.
Am Ende soll eine Gruppe ihre Sendung im Plenum vorführen.

Consignes

En groupes de 6 : 5 journalistes sont invités à une conférence « La France en direct ».
L'animateur leur demande de présenter le reportage qu'ils ont réalisé sur la vie quotidienne en France.
Rôle de l'animateur : Il présente l'émission et les journalistes.
À la fin, il résume et remercie les participants.
Rôle des journalistes : Chaque journaliste choisit une photo.
Il la décrit et explique la situation.
Il montre les différences entre les coutumes allemandes et françaises.
Préparez votre rôle puis présentez votre reportage en accord avec l'animateur.

Ihre Online-Ressourcen

▶ Klett-Online-Code ntgw273 auf www.klett-sprachen.de eingeben

29. Photos : Ces drôles de choses !

A2 B1

Lernziele

- Ein Foto/einen Apparat beschreiben, den man in Deutschland nicht kennt
- Vermutungen anstellen: *c'est peut-être…, ça ressemble à…, ça me fait penser à…*
- Nach dem Nutzen/Gebrauch von etwas fragen: *ça sert à quoi ? c'est quelque chose qui sert à…, qui permet de…*
- Fragen/Erklären, wie etwas funktioniert: *comment ça marche ?*

Material

KV 29 (auf Overheadfolie)
(Klett-Online-Code **ntgw273** auf www.klett-sprachen.de eingeben)

Verlauf

Ziel des Spiels ist es, länderspezifische Objekte kennenzulernen. Ebenso sollen Gegenstände, die in Deutschland nicht benutzt werden, kennengelernt werden. Ein Foto wird Stück für Stück auf dem Overheadprojektor aufgedeckt. Die Spieler sollen Vermutungen äußern, worum es sich handelt:
D'après vous, qu'est-ce que c'est ? À quoi ça sert ? Comment ça marche ?
Dann gibt die Lehrperson Erklärungen dazu.

Consignes

D'après vous, qu'est-ce que c'est ?
C'est peut-être…
À quoi ça sert ?
Comment ça marche ?

Solutions

- *La fontaine de jardin public : On appuie sur le bouton et l'eau coule. Attention, on se mouille les pieds !*
- *L'essoreuse à salade : Ça permet de retirer l'eau qui reste quand on a lavé une salade.*
- *La poêle à crêpes : elle est anti-adhésive avec de petits rebords pour faire glisser la crêpe.*
- *la galette ou le gâteau des Rois : Dans la plus grande partie de la France, la galette des Rois est une galette à base de pâte feuilletée et de frangipane. Dans le Sud de la France, on sert le gâteau des Rois, une brioche aux fruits confits en forme de couronne. À l'Épiphanie (le 6 janvier), on « tire les rois » : une fève est cachée dans la galette. Il y a deux fèves dans le gâteau : le sujet, en porcelaine, qui représente traditionnellement un personnage de la crèche et la fève proprement dite. De nos jours, c'est le plus jeune de l'assemblée qui se place sous la table et on lui désigne chaque part de gâteau afin qu'il l'attribue à un convive. La personne qui obtient la fève devient le roi (et celle qui a le sujet devient la reine) de la journée et a le droit de porter une couronne en carton doré.*

(Un autre jeu est proposé dans l'activité n°30 pour les 2 appareils suivants : un digicode et un tourniquet du métro.)

Ihre Online-Ressourcen

▶ Klett-Online-Code ntgw273 auf www.klett-sprachen.de eingeben

30. À quoi ça sert, ce truc ?

A2 B1

Lernziele

- Ein Foto/einen Apparat beschreiben, den man in Deutschland nicht kennt: *c'est une sorte de..., c'est comme..., c'est quelque chose qui..., que..., ça ressemble à...*
- Nach dem Nutzen von etwas fragen: *ça sert à quoi ?*
- Fragen/Erklären, wie etwas funktioniert: *comment ça marche ?*

Material

KV 30 (1 KV pro Paar ausschneiden)
(Klett-Online-Code **ntgw273** auf www.klett-sprachen.de eingeben)

Verlauf

Ziel des Spiels ist es, Apparate, die man in Deutschland nicht kennt, zu erklären. Jeder Spieler erhält ein Foto mit einem Apparat und einer Erklärung eines anderen Apparats. Die Spieler stellen sich Fragen, um den jeweiligen Apparat zu identifizieren.

Consignes

Ces appareils sont courants en France mais inconnus en Allemagne !
Vous avez chacun la photo d'un appareil et la description d'un autre appareil.
Décrivez votre appareil à votre voisin et posez-lui des questions pour savoir ce que c'est et à quoi ça sert. Ensuite changez de rôle.
À vous : J'ai la photo d'un appareil...

Solutions

Joueur A

(Photo d'un tourniquet du métro)
Description d'un autre appareil : C'est une sorte de clavier avec des chiffres. Cet appareil se trouve à l'extérieur d'une maison ou d'un immeuble. La porte de la maison est fermée. Pour se faire ouvrir, vous devez taper un code secret. Si on ne connaît pas le code, il faut téléphoner à la personne chez qui on veut aller. Cet appareil est un digicode.

Joueur B

(Photo d'un digicode)
Description d'un autre appareil : D'abord, on valide son ticket ; on reprend le ticket. Ensuite, on pousse la barrière tournante et finalement les portes s'ouvrent devant vous. C'est un appareil qui se trouve dans le métro. Il sert à empêcher les gens de passer sans payer. Quand on a des gros paquets, ce n'est pas pratique ! C'est un tourniquet du métro.

Ihre Online-Ressourcen

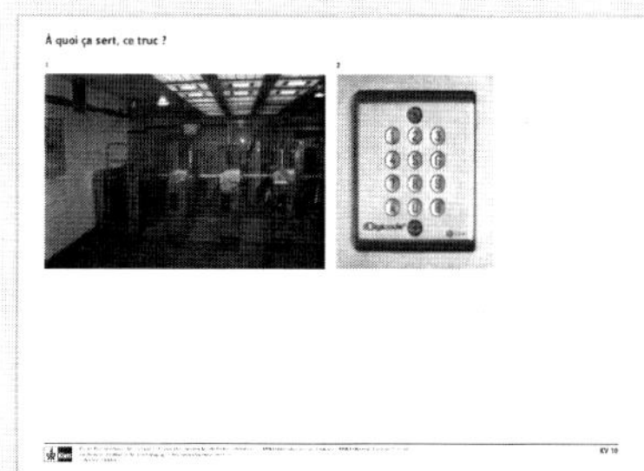

▶ Klett-Online-Code ntgw273 auf www.klett-sprachen.de eingeben

31. Devinez ! Ces objets qu'on ne connaît pas en France

A1 A2 B1

Ihre Online-Ressourcen

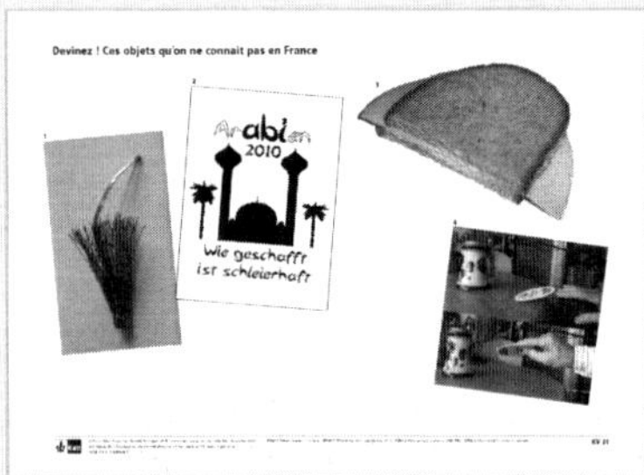

▶ Klett-Online-Code ntgw273 auf www.klett-sprachen.de eingeben

Lernziele

- Einen Gegenstand beschreiben: *c'est une sorte de…, c'est comme…, c'est quelque chose qui…, que…*
- Fragen/Erklärungen zum Gebrauch eines Gegenstands stellen/abgeben: *À quoi ça sert et comment ça marche ?*

Material

KV 31 (1 KV für 6 Spieler, eine Karte pro Person)
(Klett-Online-Code **ntgw273** auf www.klett-sprachen.de eingeben)

Verlauf

Die Spieler müssen nacheinander Gegenstände erraten, die in Frankreich unbekannt sind.

Consignes

Prenez une carte représentant un objet inconnu en France.
Expliquez rapidement de quoi il s'agit.
Les autres devinent en posant des questions.
Vous ne répondez que par oui ou non.

Solutions

1. *Le Tüllensieb ou Teebesen : le Tüllensieb peut être utilisé comme passoire de théière ou pour retenir les gouttes de thé qui pourraient tomber. Écarter les fils métalliques du petit parapluie avant l'utilisation. Bien enfoncer le Tüllensieb dans le bec de la théière.*
2. *Le Abibuch : le Abiturzeitung (ou Abizeitung, Abi(tur)buch ou Maturazeitung) est le livre de souvenirs réalisé par les classes de terminale du gymnasium.*
3. *Le Pausenbrot : dans la langue courante, on entend par Pausenbrot une forme particulière de collation. Il s'agit d'un casse-croûte que les enfants à l'école et aussi les personnes au travail prennent comme 2e petit-déjeuner. Traditionnellement, il consiste en un sandwich au fromage, à la saucisse ou à autre chose.*
4. *Le Bierdeckel : un sous-bock ou rond à bière, est un sous-verre prévu pour les verres à bière (chopes), généralement en carton, servant de support publicitaire puisqu'il est décoré aux couleurs d'une marque. Il sert à récupérer l'eau de condensation qui s'écoule le long du verre, à noter le nombre de consommations des clients, à faire des châteaux de carte ou à jouer (poser un carton sur le bord de la table en le laissant dépasser d'un quart de son diamètre environ. D'un coup du bout des doigts, de bas en haut, la paume orientée vers le bas, faire faire un demi-tour en l'air avant de le rattraper en avançant la main et en le pinçant entre le pouce et les autres doigts et placer ensuite deux sous-bocks l'un sur l'autre et recommencer…)*
5. *Le dirndl est une robe traditionnelle basée sur le vêtement traditionnel des paysannes des Alpes. Elle est portée dans plusieurs pays voisins : le sud de l'Allemagne (particulièrement en Bavière), l'Autriche, la Suisse et le nord de l'Italie (Tyrol du Sud).Il est composé d'un corsage, d'un corselet, d'une jupe ample et d'un tablier. Il peut être accompagné d'un gilet et d'un châle en laine. Il est souvent porté les jours de fête (notamment la fête de la bière en Allemagne). En Suisse, le dirndl se porte généralement pour certaines représentations et chants folkloriques (yodel). La Lederhose est une culotte courte traditionnelle à pont originaire de Bavière Son nom vient de l'allemand Leder, cuir, et Hose, culotte. Son appellation française est « culotte de cuir », « culotte bavaroise », « culotte de peau » ou « short tyrolien ».*
6. *Le Wackeldackel est une reproduction en plastique d'un teckel dont la tête peut bouger. Ainsi, quand le Wackeldackel est placé sur la plage arrière ou sur le tableau de bord d'une voiture en marche, à chaque mouvement du véhicule, il bouge la tête.*

32. Discussion : L'école en France, c'est mieux ?

Lernziele

A1 A2 B1

- Seine Meinung äußern: *je suis pour/contre..., je pense que..., à mon avis/selon moi..., je suis d'accord/je ne suis pas d'accord, moi aussi/moi non/moi non plus*
- Seine Meinung begründen: *c'est mieux parce que..., pour cette raison..., d'un côté... de l'autre...*

Verlauf

Jeder Spieler äußert seine Meinung, Niveau A2 und B1 rechtfertigen diese auch.
Es werden 10-er Gruppen gebildet.

Consignes

Répondez à tour de rôle, en chaîne. Pour chaque argument, dites si vous êtes d'accord ou non.

A1

Dites si vous êtes d'accord et justifiez votre opinion.

A2 B1

Que répondez-vous à un Français qui vous dit en France... ?

- On peut commencer la maternelle à 2 ans et demie.
- C'est mieux pour les enfants !
- C'est mieux pour les parents !
- On a des cours le matin et l'après-midi.
- On peut déjeuner chaud à la cantine.
- On n'a pas de cours de religion !
- On a 9 semaines de vacances en été !

33. Le jeu des 9 différences ! Une journée au collège

A1 A2

Lernziele

- Den Tagesablauf eines französischen/deutschen Schülers vorstellen und vergleichen
- *alors que, tandis que*
- Komparativ

Material

KV 33 (1 KV pro Person)

Verlauf

Dieses Spiel ermöglicht, sich über einen normalen Tagesablauf eines französischen Schülers zu informieren und den Tagesablauf anschließend mit dem in Deutschland zu vergleichen.

Consignes

Les élèves du collège Louis Leprince et du Ludwigsgymnasium ont écrit sur Internet comment se passe la journée typique d'un collégien dans leur pays.
En paires, qui trouvera le plus vite les 9 différences !

Solutions

En Allemagne, on se lève plus tôt qu'en France et on mange plus au petit-déjeuner. En France, pour le petit-déjeuner, on prend du sucré alors qu'en Allemagne, on mange aussi du salé comme de la charcuterie ou du fromage.

En Allemagne, les cours commencent plus tôt qu'en France. À 7 heures 30 alors qu'en France, ils commencent à 8 heures 15.

En Allemagne, on travaille plus longtemps le matin mais on n'a pas cours l'après-midi. On travaille de 7 heures 30 à 13 heures 30. En France, de 8 heures 15 à 12 heures 30.

En France, pendant la récréation, on joue ou on parle alors qu'en Allemagne, en plus, on mange un sandwich.

À midi, en France, à la cantine ou à la maison, on prend un repas chaud avec entrée, plat et dessert. En Allemagne, on mange rapidement.

En France, les cours recommencent l'après-midi, parfois jusqu'à 17 heures tandis qu'en Allemagne, les collégiens sont libres.

Après l'école et le goûter, les collégiens français font leurs devoirs jusqu'à l'heure du dîner.

En Allemagne, on dîne plus tôt qu'en France. On mange vers 18 heures tandis qu'en France, on mange vers 20 heures.

En France, pour le dîner, on prend un repas chaud avec entrée, plat et dessert alors qu'en Allemagne, on prend un repas froid. On mange de la charcuterie, du fromage, du pain. Et on boit du thé ou une infusion.

Le jeu des 9 différences ! Une journée au collège

Les élèves du collège Louis Leprince et du Ludwigsgymnasium ont écrit sur Internet comment se passe la journée typique d'un collégien dans leur pays.
En paires, qui trouvera le plus vite les 9 différences !

Une journée au collège en France

7h 15	Petit-déjeuner (tartines, confiture, beurre, céréales, café, thé)
8h 15	Les cours commencent
10h 15	Récréation d'un quart d'heure (on mange des bonbons !)
12h 30	Déjeuner à la cantine ou à la maison (Repas chaud avec au moins 3 plats)
14h	Les cours recommencent jusqu'à 16 ou 17 heures.
16h – 17h	Goûter après les cours. Ensuite, on fait les devoirs jusqu'à l'heure du dîner
19h 30 – 20h	Dîner (Repas chaud avec 3 plats minimum)

Une journée au gymnasium

6h 30	Petit-déjeuner (charcuterie, tartines, beurre, confiture, Nutella, jus d'orange)
7h 30	Les cours commencent
10h	Récréation : On mange un sandwich pour ne pas avoir trop faim jusqu'à 13 heures !
13h 30	Déjeuner rapide à la cafétéria ou repas normal à la maison
16h 30	Goûter
18h – 18h 30	Repas froid avec charcuterie, fromage, thé ou infusion.

ISBN 978-3-12-525845-7

34. Qu'est-ce qu'on mange aujourd'hui à la cantine ?

A1 A2

Lernziele

- Informationen zu Speisekarten in der Schulkantine austauschen: *qu'est-ce qu'il y a comme entrée ? comme dessert ? est-ce qu'il y a de la viande ? du fromage ?*
- Seine Meinung äußern: *Selon moi…, je pense que c'est bien, c'est mieux parce que…, moi, je préfère… parce que…*

Material

KV 34 (1 KV pro Person)

Verlauf

Die Situation wird erklärt: Kinder essen sehr oft in der Schulkantine. Sie essen ein warmes Gericht. Einige davon werden präsentiert. In Paaren werden Fragen gestellt, um die Gerichte zu vervollständigen.
Vor Beginn wird ein Brainstorming zum Vokabelfeld Früchte, Gemüse und Nahrung erstellt.

Consignes

a. Jeu à 2 :
Vos menus sont incomplets.
Complétez-les en posant des questions à votre voisin/e.
Commencez par la journée du lundi.

Exemple : – Qu'est-ce qu'il y a comme viande, lundi ?
– Il y a du poulet.

b. Est-ce que vous aimeriez manger à la cantine ?
Et après, est-ce que vous aimeriez avoir des cours l'après-midi, parfois jusqu'à 5 heures ?

Qu'est-ce qu'on mange aujourd'hui à la cantine ?

13 000 repas sont préparés chaque jour par la cuisine centrale de Nantes !
Voilà quelques menus des écoles. Que mangent les écoliers, les collégiens et les lycéens ?

a. Jeu à 2 : Vos menus sont incomplets. Complétez-les en posant des questions à votre voisin/e. Commencez par la journée du lundi.

Exemple : – Qu'est-ce qu'il y a comme viande, lundi ?
– Il y a du poulet.

Joueur A pose la 1ère question.

Joueur A	Lundi 1er décembre	Mardi 23 décembre
Entrée	?	Choux rouge bio
Viande / poisson	Poulet	?
Légumes	Haricots verts	?
Fromage	?	?
Dessert	?	Crème anglaise et madeleines 

Joueur B	Lundi 1er décembre	Mardi 23 décembre
Entrée	Pizza	?
Viande / poisson	?	Rôti de porc 
Légumes	?	Petits pois
Fromage	Gruyère	?
Dessert	Clémentines	?

b. Est-ce que vous aimeriez manger à la cantine ? Et après, avoir des cours l'après-midi, parfois jusqu'à 5 heures ?

ISBN 978-3-12-525845-7

35. Il a le bac ! Bravo !

B1 B2

Lernziele

- Erzählen, vergleichen: *c'est différent…, alors que…, tandis que…*

Verlauf

Es sollen Unterschiede zwischen Frankreich und Deutschland aufgezeigt werden. Diese Aktivität kann als Diskussion oder als Informationsaustausch über die beiden Länder durchgeführt werden.
Es wird daran erinnert, dass in Frankreich ca. 90 % das Abitur schaffen.
Ebenso wird darauf verwiesen, dass die Grandes Écoles mehr als die Universitäten angesehen sind. Um an einer Universität angenommen zu werden, müssen sich die Jugendlichen einem Wettbewerb unterziehen, und zwar 1 oder 2 Jahre nach dem Abitur.

Einige Grandes Écoles :
- *X: école polytechnique*
- *ENA : École nationale d'administration*
- *HEC : Hautes Études Commerciales*

Consignes

Tu rencontres un/e ami/e français/e.
Tu viens d'obtenir l'Abitur et lui ou elle, le bac.
Vous parlez des examens en France et en Allemagne.
Chacun explique comment se déroule la dernière année de scolarité.
Comparez les coutumes dans les deux pays.

Solutions

	L'Abitur	*Le bac*
Remise du diplôme :	*l'Akademischerfeier*	*envoyé par la poste*
Fête :	*l'Abibal*	*un pot avec les copains*
Souvenirs de la promotion :	*Abibuch*	–
	Voyage de classe	–
Possibilités d'avenir :	*Inscription dans une université (selon les notes obtenues)*	*Inscription dans une université* *ou à une prépa pour le concours aux grandes écoles : X, ENA, HEC*

36. Une journée au travail en France

A1 A2

Lernziele

- Ein Gespräch beginnen: *Dis-donc…, Au fait…, On m'a dit…, Je voulais te demander…, Dis-donc…, Je peux te demander quelque chose ? Je voudrais te demander…*
- Auskünfte über einen Arbeitstag in Frankreich einholen
- Jemanden belehren: *tu te trompes, ce n'est pas vrai, ce n'est pas exact, on a l'impression que… mais…*

Verlauf

In diesem Spiel lernt man, wie die Franzosen arbeiten. Es stimmt, dass sich die französischen und deutschen Arbeitszeiten unterscheiden. Die Franzosen beginnen später und hören auch später auf.

Consignes

Jouez à 2 la situation.

Joueur 1 :

Tu vas faire un stage en France. Demande à un ami français comment se passe une journée de travail normal : les horaires, les pauses, le rythme de travail, etc. Tu as entendu dire que le matin on va faire la bise à tout le monde… et on va prendre un café ensemble…. que le midi on va au restaurant et qu'on bavarde longtemps… et que souvent les Français travaillent le soir jusqu'à 8 heures ! Demande à ton ami français si ce qu'on t'a raconté est bien vrai.
À toi de commencer : « Au fait, tu sais que….

Joueur 2 :

Tu es français. Ton ami/e allemand/e va faire un stage en France. Réponds à ses questions. Détrompe-le/la s'il le faut et parle-lui de ton expérience.
Voilà comment c'est pour toi :
Horaires flexibles : 35 heures par semaine
On arrive vers 9 heures… À midi on va déjeuner dans un petit restaurant avec les collègues. On paie avec des tickets-restaurant.
Le vendredi soir, souvent, on va prendre un pot ensemble.
Explique-lui tout cela en détails.

37. Médiation : Au travail en Allemagne !

A2 B1 B2

Lernziele
- Sagen, dass man etwas nicht verstanden hat: *je n'ai pas saisi ce qu'il a dit..., qu'est-ce qu'il veut dire..., qu'est-ce qu'il entend par...*
- Erklären: *ça veut dire... ça signifie...*
- Sprachmittlung

Material
KV 37 (1 KV pro Spieler B)

Verlauf
Das Spiel wird zu zweit gespielt. Spieler A hat die KV und fragt nach Erklärungen. Der andere Spieler antwortet oder sprachmittelt. Spieler B liest den zu übersetzenden Text nicht. Er muss ggf. auch wiederholen oder nach Erklärungen fragen.

Consignes
***Joueur A** :*
Ton copain a lu un article qui l'intéresse beaucoup mais il n'a pas tout compris.
Il te demande des explications au téléphone.
Réponds-lui et si c'est nécessaire, médie.
Tu n'as pas le texte à expliquer.
Si tu ne comprends pas, pose-lui des questions ou demande-lui de répéter !

Joueur B :
Tu as lu le rapport de jeunes Français qui ont travaillé dans des entreprises en Allemagne.
Il y a des passages que tu ne comprends pas bien.
Téléphone à ton copain qui est bon en français pour lui demander des explications.
(Ne lui montre pas le texte à expliquer !) mais répète si c'est nécessaire.

Au travail en Allemagne !

Joueur B :
Tu as lu le rapport de jeunes Français qui ont travaillé 6 mois dans des entreprises en Allemagne. Il y a des passages que tu ne comprends pas bien. Demande des explications à ton copain qui est bon en français. Voilà ce que tu n'as pas compris :

« Les Allemands mettent une vraie barrière entre vie privée et vie professionnelle, observe Matthieu. Pas question d'aller boire une bière avec les collègues à la fin de la journée ! »

« Les Allemands font des pauses déjeuner d'une demi-heure, ils mangent au lance-pierre ! se désole Laure. Leur but est de retourner le plus vite possible au travail afin de pouvoir terminer leur journée à l'heure. Plus tôt tu peux rentrer à la maison pour avoir du temps pour toi ou tes enfants, mieux c'est ! »

« Tout le monde pointe, comme à l'usine, y compris les cadres, affirme Alexis. »

« En Allemagne, les jeunes sont une richesse, une chance pour les entreprises qui recrutent les bras ouverts. »

© cidj.com

Au travail en Allemagne !

Joueur B :
Tu as lu le rapport de jeunes Français qui ont travaillé 6 mois dans des entreprises en Allemagne. Il y a des passages que tu ne comprends pas bien. Demande des explications à ton copain qui est bon en français. Voilà ce que tu n'as pas compris :

« Les Allemands mettent une vraie barrière entre vie privée et vie professionnelle, observe Matthieu. Pas question d'aller boire une bière avec les collègues à la fin de la journée ! »

« Les Allemands font des pauses déjeuner d'une demi-heure, ils mangent au lance-pierre ! se désole Laure. Leur but est de retourner le plus vite possible au travail afin de pouvoir terminer leur journée à l'heure. Plus tôt tu peux rentrer à la maison pour avoir du temps pour toi ou tes enfants, mieux c'est ! »

« Tout le monde pointe, comme à l'usine, y compris les cadres, affirme Alexis. »

« En Allemagne, les jeunes sont une richesse, une chance pour les entreprises qui recrutent les bras ouverts. »

© cidj.com

ISBN 978-3-12-525845-7

38. Jeu de cartes : Une famille franco-allemande ? Les différences !

A2 B1 B2

Lernziele

- Seine Meinung äußern: *à mon avis…, selon ce que j'ai entendu dire…/ ce que j'ai lu…*
- Interaktion bei Gesellschaftsspielen: *C'est à toi de jouer. C'est ton tour !*

Material

KV 38 (1 KV pro 3-er Gruppe ausschneiden)

Verlauf

Ziel des Spiels ist es, 9 Karten einer französischen oder deutschen Familie zu erhalten.
Es werden 3-er Gruppen gebildet. Nacheinander nimmt jeder Spieler eine Karte und liest den Text darauf. Die Spieler bestimmen zusammen, ob die Szene in Frankreich oder Deutschland spielt. Sie legen die Karten sortiert nach Frankreich/ Deutschland hin. Welche Gruppe hat zuerst 9 Karten einer Familie?
Am Ende des Spiels kommen alle Spieler im Plenum zusammen: Es werden Fragen gestellt, um die wichtigsten Unterschiede beim Tagesablauf einer französischen und deutschen Familie zusammenzufassen.

Consignes

En groupes de 3 :
Le but du jeu est d'obtenir, le plus vite possible, les 9 cartes d'une famille française ou allemande.
À tour de rôle, prenez une carte, lisez le texte.
Le groupe décide ensemble si c'est en France ou en Allemagne.
Classez les cartes lues selon la famille française ou allemande.
Qui obtiendra, en premier, les 9 cartes d'une famille ?

Jeu de cartes : Une famille franco-allemande ? Les différences !

Le matin, c'est la course ! On accompagne le petit à la crèche et les grands à l'école avant d'aller travailler !	À midi, le déjeuner, c'est sacré ! On prend le temps de manger un vrai repas !	Vers 11 heures, on prend un morceau de pain et une saucisse. Avec un peu de moutarde !
Pour nous, l'eau, c'est de l'eau gazeuse !	Nous, on aime la moutarde un peu sucrée… les cornichons aussi, un peu sucrés…	*On travaille en général jusqu'à 17-18 heures !*
Après le travail, le vendredi surtout, on va prendre un pot avec les collègues.	On se dépêche de quitter le bureau pour être à la maison vers 15 heures 30 !	À 18 heures, on dîne. Légèrement !
Pour le dîner, on se fait plaisir ! On se prépare de bons petits plats…	Le dîner n'est jamais prêt avant 19 h 30 – 20 heures.	*Le journal télévisé du soir dure au moins 30 minutes sans la météo !*
Qui boit en moyenne 107 litres de bière par an ?	***On dort 8,4 heures par jour ; c'est-à-dire une heure de plus que nos voisins.***	On aime beaucoup les enfants. Les familles sont plus grandes !
Au lit, chacun sa couette !	**À l'école, il paraît qu'on apprend tout par cœur.**	On se promène tout nu chez soi sans s'occuper des voisins !

ISBN 978-3-12-525845-7

39. Étude de cas : des vacances d'été typiques

A1 A2

Lernziele
- Auskünfte über Gewohnheiten der Franzosen einholen
- Einen Tagesablauf beschreiben
- Zusammenfassen: *Finalement…, En résumé…, Pour conclure…*

Material
KV 39 (1 KV pro Teilnehmer)

Verlauf
Es handelt sich um eine Fallstudie. Mit Bezug auf die Postkarten wird zusammengefasst, wie die „typischen" Familienmitglieder ihre Sommerferien verbringen.

Consignes
En paires :
Que font les Tréboulet pendant les mois de juillet et d'août ?
À partir de ces cartes postales, résumez comment les membres de cette famille typique ont passé leurs vacances d'été.

Étude de cas : des vacances d'été typiques

Que font les Français pendant les mois de juillet et d'août ? M. et Mme Tréboulet prennent 2 semaines de vacances en été. Où vont-ils ? Avec qui ? Que font-ils ? Et leurs 3 enfants, que font-ils ?

a. À partir de ces cartes postales, résumez comment les membres de cette famille typique ont passé leurs vacances d'été.

b. Comment une famille allemande typique avec des enfants de l'âge de Florence, Olivia et Loïc passe ses vacances ?

CARTE POSTALE

Cher Papa et chère Maman,

J'ai 2 nouvelles amies. La monitrice est très sympa. On s'amuse bien. Je vous embrasse très fort.

Florence

CARTE POSTALE

Salut !

Alex, Max et moi faisons du camping à côté de Biarritz. La plage est magnifique et les vagues sont formidables !

À bientôt !

Loïc

CARTE POSTALE

Cher Papa, chère Maman,

Je suis bien arrivée. Les parents d'Annette sont très gentils. Je ne comprends pas tout mais on se débrouille ! Hier, on a visité le château de Sanssouci. C'est très beau !

Grosses bises !

Olivia

CARTE POSTALE

Salut !

Je suis en vacances en Bretagne avec mes parents. Il pleut tous les jours ! Mes petites sœurs sont toujours sur mon dos ! Encore une semaine et on rentre ! Ouf !

Tchao !

À bientôt !

Loïc

CARTE POSTALE

Chère Maman et cher Papa,

Hier, on a joué au Monopoly avec les cousins et Papy et Mamie. C'est moi qui ai gagné ! Olivia a perdu son portable ! Elle est très triste.

Bisous.

Florence, Olivia, Papy et Mamie.

	Où vont-ils ?	Avec qui ?	Activités
M. et Mme Tréboulet			
Florence, 12 ans			
Olivia, 15 ans			
Loïc, 17 ans			

ISBN 978-3-12-525845-7

40. Le match : le quiz des sports et des loisirs

A1 A2 B1

Lernziele

- Sich über Sport und Freizeit in Frankreich erkundigen
- Ungewissheit ausdrücken: *je ne suis pas sûr, il me semble que…, je ne sais vraiment pas, je n'ai aucune idée*
- Vermutungen äußern: *ça pourrait être…, probablement…*
- Interaktion bei Gesellschaftsspielen: *C'est à toi de jouer. C'est ton tour. Je ne sais pas du tout, je demande l'aide de l'équipe.*

Material

KV 40 (1 KV pro Teilnehmer)

Verlauf

Bei dieser Aktivität sollen Informationen zum Sport in Frankreich eingeholt werden. Der Austausch zwischen den Spielern soll gefördert werden.

Consignes

2 équipes de 2 personnes : À tour de rôle, chaque membre d'une équipe, répond à une question.
Tu as besoin d'aide : demande l'aide de ton équipe.
Personne ne peut t'aider : cherche sur Internet !
Pour le calcul des points : Réponse correcte, sans l'aide de ton équipe : 10 points.
Réponse correcte, avec l'aide de ton équipe : 7 points.
Réponse correcte, avec recherche sur Internet : 4 points.
Mettez-vous d'accord pour donner une note à chaque réponse.
Quelle équipe gagnera ?

Solutions

1.b Le Tour de France a été créé en 1903. Aujourd'hui une douzaine d'équipes de 10 hommes font 4000 km en 20 étapes à une vitesse moyenne de 40 km/h.
Le Grand prix de Monaco est une course automobile créée en 1929.

2.b René Lacoste a été le champion de la Coupe Davis en 1927 puis de Roland Garros de 1928 à 1932.

3.a

4.a À Biarritz, la mer est forte avec de grosses vagues.
Deauville est une station balnéaire, très luxueuse, célèbre pour ses courses de chevaux et son festival de cinéma américain.

5.b Il y a 60 000 km de sentiers de Grande Randonnée qui traversent la France. Le GR6 va des Alpes à l'océan Atlantique. Le GR65 va du Massif Central à l'Espagne. C'est l'ancien itinéraire des pèlerins de Saint-Jacques de Compostelle.

6.a

7.b Thème : les volcans.

8.b Ce type de cure marine s'est développé dans les années 60; le thermalisme, à la montagne ou à la campagne, vers 1860.

9.b

10.a

Le match : le quiz des sports et des loisirs

1. Comment s'appelle la plus ancienne course cycliste mondiale pratiquée en France ?
   a. Le Grand prix de Monaco. b. Le Tour de France.

2. Un champion français de tennis a laissé son nom à une chemise. Comment s'appelle-t-il ?
   a. Roland Garros. b. René Lacoste.

3. Quel sport a pour langue officielle le français dans tous les pays ?
   a. L'escrime. b. L'équitation.

4. La capitale du surf est...
   a. Biarritz sur la côte basque. b. Deauville, en Normandie.

5. Les GR sont...
   a. des grandes routes nationales. b. des sentiers de grande randonnée.

6. Avoriaz et les Arcs sont...
   a. des stations de sports d'hiver. b. des ports de plaisance.

7. Vulcania est...
   a. un parc naturel. b. un parc à thème.

8. Pour faire une cure de thalassothérapie, il faut aller...
   a. à la montagne b. à la mer.

9. le Conservatoire du Littoral a pour but...
   a. de protéger les paysages. b. de contrôler la pêche.

10. Quel est le sport le plus pratiqué en France ?
    a. la pétanque. b. la natation.

ISBN 978-3-12-525845-7

41. Situation : Vivement les vacances !

A1 A2

Lernziele

- Über Vorlieben sprechen, seine Meinung verteidigen: *pour moi ce qui compte…, le mieux est de…, ce qui me plaît…*
- Ein Programm vorstellen; Bindewörter (*mots charnières*): *D'abord, ensuite, après, alors, plus tard, finalement*
- Sich einigen

Material

KV 41 (1 KV pro Person)
(Klett-Online-Code **ntgw273** auf www.klett-sprachen.de eingeben)

Verlauf

Ziel des Spiels ist es, seine Meinung zu verteidigen und zu versuchen, seine Partner zu überzeugen.

Consignes

a. *Regardez ces photos.*
Comment aimeriez-vous passer vos vacances ?
Pourquoi ?
Cherchez 3 raisons.

b. *Circulez dans la classe et cherchez 2 personnes qui n'ont pas les mêmes goûts que vous.*

c. *Ensemble, à 3, parlez de vos préférences.*
Finalement, mettez-vous d'accord pour choisir une des formules de vacances proposées.

d. *Préparez vos vacances : destination, dates, moyens de transport, budget, etc.*

Solutions

une cabane dans un arbre
vivre en roulotte
une plage familiale en été
un hôtel formule club

Ihre Online-Ressourcen

▶ Klett-Online-Code ntgw273 auf www.klett-sprachen.de eingeben

42. En France, chaque jour est une fête !

Lernziele
- Sich vorstellen
- Heiligenkalender, Datum, Vornamen
- Einen Grund angeben: *à cause de…, parce que…*

A1

Material
KV 42 (1 KV pro Person)
(Klett-Online-Code **ntgw273** auf www.klett-sprachen.de eingeben)

Verlauf
Das Spiel beginnt mit Fragen zu den Vornamen der Spieler:

Savez-vous pourquoi vos parents ont choisi votre prénom ?
Parce que c'est joli… c'est la mode… c'est le prénom de votre grand-père… ou bien pour quelle autre raison ?

Falls erforderlich, können die Spieler nach den Übersetzungen ihrer Vornamen befragt werden. Danach wird ihnen erklärt, dass im französischen Kalender jeder Tag mit einem Heiligen/einer Heiligen assoziiert ist. Es wird erklärt, dass man « *Bonne fête !* » sagt, falls ein Vorname im Kalender auftaucht. Man antwortet mit « *Merci !* » Im Fernsehen kündigt man jeden Tag nach dem Wetter den Heiligen des darauffolgenden Tages an und wünscht « *Bonne fête à tous les… ou toutes les… !* »

Consignes
Regardez sur ce calendrier français la date de votre fête.
Ensuite circulez dans la classe et demandez aux autres joueurs la date de leur fête.
Regroupez-vous par mois !

Exemple : – Bonjour, je m'appelle… Et toi ?
– C'est quel mois ta fête ?

Ihre Online-Ressourcen

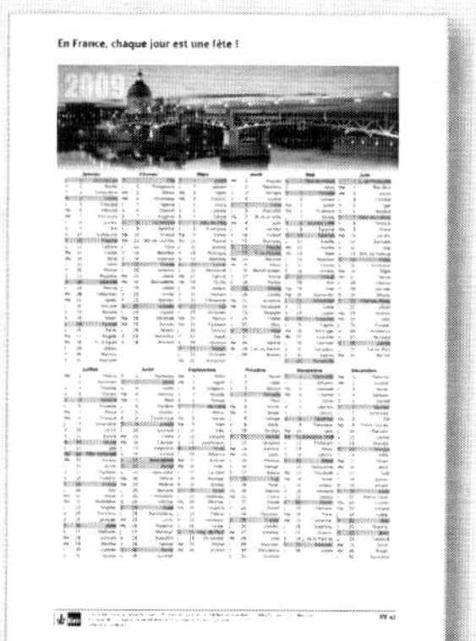

▶ Klett-Online-Code ntgw273 auf www.klett-sprachen.de eingeben

43. Des phrases à la chaîne et des fêtes à la chaîne !

A1 A2

Lernziele
- Hauptfeste und Feiertage
- Die Koordination eines Textes

Material
KV 43

Verlauf
In diesem Spiel werden einige Feste und Feiertage thematisiert. Zunächst erfolgt Information über den Gebrauch, danach wird „das Wort ergreifen" geübt.
Falls die Spieler nicht alle Feste kennen, werden nur 3 oder 6 ausgesucht.

Consignes

a. Regroupez, dans des filets, les mots en rapport avec :
1. Le carnaval, Pâques, La Toussaint
2. L'Assomption, le 14 juillet, le premier avril
3. L'Ascension, le jour du Souvenir, le premier mai

b. Comparez avec l'Allemagne.
Quels sont les jours fériés communs ?
Quels sont les jours fériés uniquement français ?

c. Faites des groupes de 10 pour faire des chaînes de phrases.
Choisissez 3 fêtes.
Chacun, à son tour, ajoute une phrase avec un des mots donnés.
Les répétitions sont interdites !

Exemple : fête du travail / muguet / porte-bonheur
Comme dans beaucoup de pays le premier mai est la fête du travail.
En France, ce jour-là on offre du muguet. On dit que ça porte bonheur !

Solutions

1. Le carnaval : se déguiser, manger de crêpes, Mardi gras, fête non fériée
Pâques : les œufs en chocolat, les cloches en chocolat, les poules en chocolat, le printemps
La Toussaint : le 1er novembre, le cimetière, les chrysanthèmes

2. L'Assomption : la Sainte-Marie, le 15 août
Le 14 juillet : la fête nationale, les bals, le feu d'artifice
Le premier avril : les blagues, les poissons d'avril, ce jour n'est pas férié

3. L'Ascension : un jeudi, faire le pont
Le jour du souvenir : le 11 novembre, les guerres, le monument aux morts
Le premier mai : la fête du travail, le muguet, un porte-bonheur

Des phrases à la chaîne et des fêtes à la chaîne !

a. Regroupe dans des filets les mots en rapport avec :

1.

LE CARNAVAL

LA TOUSSAINT

se déguiser
les œufs en chocolat
les chrysanthèmes
manger des crêpes
le printemps
les cloches en chocolat
fête non fériée
Mardi gras
le 1er novembre
le cimetière

2.

L'ASSOMPTION

LE PREMIER AVRIL

la fête nationale
les bals
les blagues
la Sainte-Marie
le 15 août
le feu d'artifice
poisson d'…
ce jour n'est pas férié

3.

L'ASCENSION

LE JOUR DU SOUVENIR

le 11 novembre
un jeudi
faire le pont
la fête du travail
le monument aux morts
le muguet
les guerres
un porte-bonheur

b. Comparez avec l'Allemagne. Quels sont les jours fériés communs ? Quels sont les jours fériés uniquement français ?

c. Faites des groupes de 10 pour faire des chaînes de phrases. Choisissez 3 fêtes. Chacun, à son tour, ajoute une phrase avec un des mots donnés. Les répétitions sont interdites !

Exemple : fête du travail / muguet / porte-bonheur
Comme dans beaucoup de pays le premier mai est la fête du travail. En France, ce jour-là on offre du muguet. On dit que ça porte bonheur !

ISBN 978-3-12-525845-7

44. Le loto des fêtes

A1 A2 B1

Lernziele
- Die Hauptfeste kennen
- Eine Definition geben

Verlauf
Das ausgewählte Thema wird präsentiert: Feste im Kalender oder Weihnachten (Es muss sichergestellt werden, dass die Gebräuche bekannt sind). Die Spielregeln werden erklärt.

A2 B1

Es werden 5 Wörter der Liste ausgewählt und auf ein Blatt Papier geschrieben. Die Lehrperson liest nach dem Zufallsprinzip Wortdefinitionen der Liste vor. Jedes laut vorgelesene Wort der Definitionsliste wird durchgestrichen. Wer zuerst 5 Wörter hat, ruft *„Gagné !"*

Consignes
Choisissez 5 mots de la liste et écrivez-les sur une feuille de papier. Le professeur va lire, au hasard, les définitions des mots de la liste. Barrez chaque mot de votre liste correspondant à une définition lue. Celui qui a barré les 5 mots, crie : Gagné !

a. ***LES FÊTES :*** *Noël, Pâques, Mardi gras, la fête des Rois, l'Ascension, L'Assomption, le 1er mai, le jour du Souvenir, la Toussaint, la fête nationale, la Saint-Glinglin, le 1er avril*

Définitions :
1. *C'est le dernier jour du carnaval.*
2. *C'est le 15 août, la fête de Marie. C'est un jour férié.*
3. *Le 25 décembre.*
4. *Une fête catholique qui tombe un jeudi au printemps.*
5. *C'est une grande fête catholique : on dit que ce jour-là les cloches vont à Rome !*
6. *Les Rois Mages apportent des cadeaux à l'Enfant-Jésus.*
7. *Ce n'est pas une fête ! Cette expression veut dire « jamais ».*
8. *C'est la fête du travail.*
9. *C'est le 11 novembre. On pense à tous ceux qui sont morts pour la France.*
10. *C'est le 14 juillet.*
11. *Ce jour-là toutes les blagues sont permises !*
12. *On apporte des fleurs au cimetière, le 1er novembre.*

b. ***NOËL :*** *le réveillon, la dinde, la bûche, le sapin, les boules, les bougies, la crèche, l'étoile, les illuminations, les cadeaux, le gui, les étrennes*

Définitions :
1. *Le 31 décembre, on s'embrasse dessous. Ça porte bonheur !*
2. *C'est le dîner, la veille de Noël ou pour la Saint-Sylvestre.*
3. *On les offre à minuit ou le jour de Noël.*
4. *On les offre au facteur par exemple.*
5. *On les allume pour les fêtes.*
6. *Le plat de viande typique pour Noël.*
7. *Un arbre qui reste vert en hiver et qu'on décore pour Noël.*
8. *Le dessert typique de Noël.*
9. *Elles sont de toutes les couleurs. Elles décorent l'arbre de Noël.*
10. *Elle représente l'Enfant-Jésus avec l'âne et le bœuf.*
11. *Dans la nuit, elle a montré le chemin aux Rois Mages.*
12. *Elles mettent de la lumière dans la ville.*

45. À vous la parole ! Fêtes régionales et festivals

Lernziele

- Eine Minipräsentation machen: *je vais parler de…, je vais vous présenter…, d'abord…, ensuite…, pour finir…*
- Bindewörter (*mots charnières*)
- Zusammenfassen

A2 B1 B2

Verlauf

Ziel dieser Aktivität ist es, eine Minipräsentation über ein regionales Fest vorzubereiten. Die Schüler können ihren Vortrag ggf. zu Hause vorbereiten und dann im Plenum vortragen.

Consignes

Présente une fête régionale ou un festival.
Cherche sur Internet des informations. Tu peux consulter le site suivant : www.france.fr.
Ensuite, clique sur « Thèmes », tu trouveras un grand nombre de fêtes régionales.
Choisis-en une et prépare-toi pour la présenter à ton groupe.

46. Photos : même fête mais autres coutumes !

Lernziele

- Themen: *Noël, carnaval ou Mardi gras, Pâques*
- Eine Minipräsentation machen: *je vais parler de…, je vais vous présenter…*
- Ein Foto beschreiben: *on voit…, devant…, à droite…*
- Vergleichen: *c'est comme…, c'est pareil, c'est différent*

A1 A2 B1

Material

KV 46 (1 KV pro Spieler)

Verlauf

Nachdem die Feste ihren Ländern zugeordnet worden sind, präsentieren die Spieler eines der Feste aus Frankreich oder Deutschland und verweisen auf Gemeinsamkeiten und Unterschiede.

Ihre Online-Ressourcen

▶ Klett-Online-Code ntgw273 auf www.klett-sprachen.de eingeben

Consignes

a. *Observez ces photos. À quelles fêtes correspondent ces photos ? C'est en France ou en Allemagne ?*
b. *En paires : Présentez une fête (Noël, la fête des Rois, carnaval et Mardi gras, Pâques). Expliquez ce qui est pareil dans les deux pays et ce qui est différent.*

Solutions

a. *bûche de Noël / Plätzchen ; le carnaval de Nice (la bataille de fleurs) / de Cologne œuf, poule et cloche en chocolat / œufs et lapin de Pâques*
b. *des enfants déguisés en rois mages / la galette ou gâteau des Rois ; des gens déguisés mangeant des Berliner / on fait sauter une crêpe ; un œuf qu'on peint / un jardin décoré avec des œufs*

47. Des phrases pour un texte : la Fête de la Musique

A2 B1 B2

Lernziele
- Die richtige Reihenfolge eines Textes finden

Material
KV 47 (1 KV für 12 Spieler ausschneiden)

Verlauf
Das Thema des Textes wird vorgestellt: Feste in Frankreich, z. B. *la Fête de la Musique*. Es werden 12-er Gruppen gebildet. Jeder Spieler erhält einen Satzschnippsel.
Der erste Satz wird zusammen gelesen. Danach wird zusammen über den Fortgang der Geschichte diskutiert und die einzelnen Satzschnippsel werden zu einem zusammengehörenden Text zusammengewürfelt.
Jeder Spieler mit einem fortlaufenden richtig gefundenen Satzschnippsel platziert sich neben seinen Vorgänger. Wenn alle Satzschnippsel gefunden worden sind, wird der gesamte Text zusammenhängend von den Spielern laut vorgelesen.

Consignes
Chacun de vous a une phrase et ensemble vous formez un texte !
Vous devez retrouver l'ordre des phrases de ce texte.
Un de vous lit la 1ère phrase.
À qui de continuer ?
Discutez entre vous !
Le joueur qui a la 2ème/3ème phrase se place à côté du premier joueur ou du 2ème, et ainsi de suite.
Quand vous avez trouvé l'ordre du texte, chacun lit sa phrase pour avoir le texte entier !

Solutions
Beaucoup de fêtes et de jours fériés sont des fêtes religieuses bien que la France soit un pays laïque.
D'autres jours fériés rappellent des évènements historiques.
Par exemple, le 8 mai ou le 11 novembre commémorent les armistices des deux dernières guerres mondiales.
Généralement, toutes ces fêtes traditionnelles donnent l'occasion d'un repas de famille ou entre amis.
Il est intéressant de remarquer que la Fête de la Musique tient une place spéciale.
En effet, c'est une fête récente.
Elle date de 1982.
Mais au fil des années elle est devenue un des principaux évènements nationaux.
Pourtant ce n'est pas un jour férié !
D'abord, contrairement aux autres fêtes, elle se passe, la nuit, dans la rue ou les jardins !
Ensuite, savez-vous qu'elle tombe le 21 juin, c'est-à-dire le 1er jour de l'été ?
Toute la nuit, musiciens, professionnels ou amateurs, s'installent dans les rues pour partager leur musique et fêter l'été !
Aujourd'hui, la Fête de la Musique est présente dans plus de 100 pays sur les cinq continents !

Des phrases pour un texte : la Fête de la Musique

Chacun de vous a une phrase et ensemble vous formez un texte !
Vous devez retrouver l'ordre des phrases de ce texte.
Un de vous lit la 1ère phrase.
À qui de continuer ?
Discutez entre vous !
Le joueur qui a la 2ème/3ème phrase se place à côté du premier joueur ou du 2ème, et ainsi de suite.
Quand vous avez trouvé l'ordre du texte, chacun lit sa phrase pour avoir le texte entier !

Beaucoup de fêtes et de jours fériés sont des fêtes religieuses bien que la France soit un pays laïque.

D'autres jours fériés rappellent des évènements historiques.

Par exemple, le 8 mai ou le 11 novembre commémorent les armistices des deux dernières guerres mondiales.

Généralement, toutes ces fêtes traditionnelles donnent l'occasion d'un repas de famille ou entre amis.

Il est intéressant de remarquer que la Fête de la musique tient une place spéciale.

En effet, c'est une fête récente.

Elle date de 1982.

Mais au fil des années elle est devenue un des principaux évènements nationaux.

Pourtant ce n'est pas un jour férié !

D'abord, contrairement aux autres fêtes, elle se passe, la nuit, dans la rue ou les jardins !

Ensuite, savez-vous qu'elle tombe le 21 juin, c'est-à-dire le 1er jour de l'été ?

Toute la nuit, musiciens, professionnels ou amateurs, s'installent dans les rues pour partager leur musique et fêter l'été !

Aujourd'hui, la Fête de la Musique est présente dans plus de 100 pays sur les cinq continents !

ISBN 978-3-12-525845-7

48. Bon appétit ! La dictée à 2

A1 A2

Lernziele
- Ein Rezept vorlesen/schreiben
- Sagen, was man nicht verstanden hat
- Fragen, wie man etwas schreibt
- Orthographie

Material
KV 48 (1 KV pro Spieler)

Verlauf
Es wird in Paaren gespielt. Die Spieler gehen abwechselnd zum Lehrerpult und lesen einen Satz des Rezepts. Der Spieler lernt den Satz auswendig, um ihn dann seinem Mitspieler diktieren zu können. Der andere Spieler stellt Fragen, falls er etwas nicht verstanden hat oder nicht weiß, wie man ein Wort schreibt.

Consignes
En paires :
À tour de rôle, un des joueurs se déplace jusqu'au bureau pour lire une phrase de la recette.
Il l'apprend par cœur pour pouvoir la dicter à son voisin.
Le voisin pose des questions s'il n'a pas compris ou s'il ne sait pas comment écrire un mot.

La recette des crêpes
Pour faire des crêpes, il faut de la farine et aussi ??
Il faut aussi un œuf, du lait, du beurre et un peu de sel.
Mélangez tous les ingrédients.
Dans une poêle anti-adhésive versez un peu de pâte.
Faites dorer.
Faites sauter.
Sucrez.
Mangez ! Bon appétit !

49. Pile ou face : Un débat animé !

A1 A2

Lernziele
- In eine Debatte intervenieren: *je passe la parole à…, je voudrais ajouter…, excuse-moi mais je voudrais dire…, laisse-moi finir*
- Sprachmittlung
- Interaktion bei Gesellschaftsspielen: *C'est à qui ? C'est à toi.*

Material
KV 49 (1 KV pro Gruppe) + ein Geldstück pro Person
(Klett-Online-Code **ntgw273**
auf www.klett-sprachen.de eingeben)

Verlauf
Dieses Spiel ist eine Sprachmittlung von Deutsch auf Französisch und hat zum Ziel, dass sich die Teilnehmer im Intervenieren bei einer Debatte üben.
Es wird zu dritt oder viert gespielt. Das Geldstück wird geworfen. Kopf oder Zahl? Kopf bedeutet 2 Felder vorwärts. Zahl bedeutet 1 Feld zurück. Wird eine Frage von einem der Spieler richtig beantwortet, darf jeweils nochmals gespielt werden. Kommt ein Spieler auf das Feld « *Bonne chance* » oder « *Pas de chance* », muss dem Pfeil gefolgt werden. Wer kommt als Erster am Ziel an ?

Consignes
Entraînez-vous à prendre la parole dans un débat ! Faites ce jeu de médiation afin de revoir les expressions d'usage !
Vous jouez à 3 ou 4. Lance la pièce de monnaie. Pile ou face ? Pile veut dire « aller 2 cases en avant ». Face, « aller une case en arrière ».
Réponds à la question. Ta réponse est bonne ? Alors joue encore une fois.
Tu as passé la parole à ton voisin. Sa réponse est bonne ? Alors il joue encore une fois.
Si tu tombes sur une case « Bonne chance » ou « Pas de chance », suis la flèche.
Qui arrivera le premier ?

Solutions (Propositions)
1. *J'ai choisi comme sujet les fêtes en France.*
2. *Je demande la parole.*
3. *Cela n'a rien à voir !*
4. *Il veut poser une question.*
5. *Bonne chance !*
6. *Pas de chance !*
7. *Ne m'interrompez pas !*
8. *Que penses-tu de cet argument ?*
9. *Laisse-moi finir mon exposé.*
10. *Est-ce que j'ai bien compris ?*
11. *En résumé…*
12. *Pas de chance !*
13. *En conclusion, je voudrais donner mon opinion personnelle…*

Ihre Online-Ressourcen

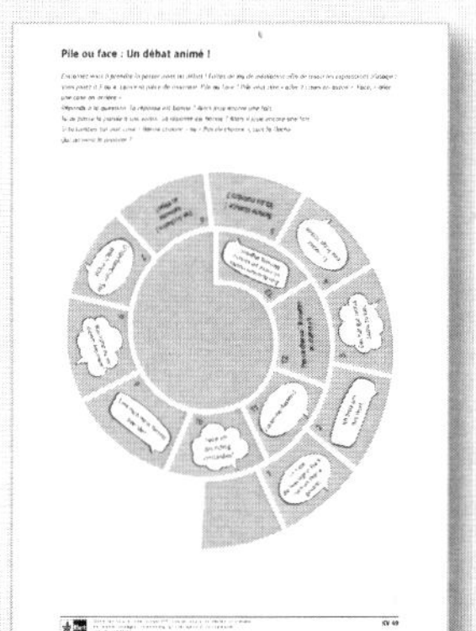

▶ Klett-Online-Code ntgw273 auf www.klett-sprachen.de eingeben

50. Le conteur interrompu : Le 1er mai comme en France !

A1 B1 B2

Lernziele

- Französische und deutsche Feste und Gebräuche vergleichen
- Erzählen
- Bei einer Veranstaltung intervenieren: Präsentieren, um Sprecherlaubnis fragen/das Wort erteilen/nach Erklärungen fragen/Erklärungen abgeben/zum Thema zurückkehren: *je voudrais poser une question…, j'aimerais ajouter…, excuse-moi de t'interrompre mais…, excuse-moi de te couper la parole…, laissez-moi finir…, j'en ai pour une minute…*
- Zusammenfassen: *je reprends mon sujet…, j'étais en train de dire que…, je voudrais revenir sur un point…*

Verlauf

Es wird mit einem Erzähler und zwei weiteren Spielern gespielt.
Ziel des Spiels ist es, ein Fest zu präsentieren und auch bei einer Veranstaltung zu intervenieren.
Der Erzähler beginnt, Traditionen bei einem Fest zu beschreiben. Die anderen Spieler ergreifen das Wort, um detaillierte Vergleiche mit Deutschland herauszufinden. Sie fragen. Ziel des Spiels ist es, den Erzähler so oft wie möglich zu unterbrechen. Dieser muss jede Frage beantworten und wieder das Wort ergreifen.

A2

Der Erzähler spricht zunächst 3 Minuten am Stück. Dann erst stellen die Spieler Fragen.

Consignes

En groupes de 3 :
Un conteur doit parler pendant 3 minutes minimum de la fête du travail en France.
Les 2 autres joueurs demandent la parole pour poser des questions ou comparer avec l'Allemagne.
Le but du jeu est de couper la parole au conteur.
Mais d'abord, renseignez-vous !

Le 1er mai
C›est la fête du travail. C›est un jour férié comme en Allemagne mais les coutumes sont différentes. En France, on offre à ses amis et ses voisins du muguet parce que ça porte bonheur !
En Allemagne, les traditions sont très différentes ! Comme vous le savez, le mois de mai commence en dansant… Qu'est-ce qu'on fait aussi ? Réfléchissez pour pouvoir intervenir dans la présentation du conteur.

Exemple : + Je vais vous parler du 1er mai, c'est la fête du travail…
– Excuse-moi, mais j'aimerais savoir si on travaille ce jour-là ?
+ Non, on ne travaille pas. C'est un jour férié.
– Au fait, je voudrais te poser une question…
+ Laisse-moi finir…
– Mais….

51. Le conteur interrompu : Noël comme en France !

A2 B1 B2

Lernziele

- Französische und deutsche Feste und Gebräuche vergleichen
- Erzählen
- Bei einer Veranstaltung intervenieren: Präsentieren, um Sprecherlaubnis fragen/das Wort erteilen/nach Erklärungen fragen/Erklärungen geben/zum Thema zurückkehren: *je voudrais poser une question…, j'aimerais ajouter…, excuse-moi de t'interrompre mais… , excuse-moi de te couper la parole…, laissez-moi finir…, j'en ai pour une minute…*
- Zusammenfassen: *je reprends mon sujet…, j'étais en train de dire que…, je voudrais revenir sur un point…*

Verlauf

Es wird mit einem Erzähler und zwei weiteren Spielern gespielt.
Ziel des Spiels ist es, ein Fest zu präsentieren und auch bei einer Veranstaltung zu intervenieren.
Der Erzähler beginnt, Traditionen bei einem Fest zu beschreiben. Die anderen Spieler ergreifen das Wort, um detaillierte Vergleiche mit Deutschland herauszufinden. Sie fragen. Ziel des Spiels ist es, den Erzähler so oft wie möglich zu unterbrechen. Dieser muss jede Frage beantworten und wieder das Wort ergreifen.

Der Erzähler spricht zunächst 3 Minuten am Stück. Dann erst stellen die Spieler Fragen.

A2

Consignes

En groupes de 3 :
Un conteur doit parler pendant 3 minutes de la fête de Noël.
Les 2 autres joueurs demandent la parole pour poser des questions ou comparer avec l'Allemagne.
Le but du jeu est de couper la parole au conteur.
Mais d'abord, renseignez-vous !

Noël en France
En France et en Allemagne on ne fête pas Noël ni de la même manière, ni le même jour ! En France, c'est le 25 décembre ! Le 24 au soir, on va à la messe de minuit et on réveillonne. On offre les cadeaux le 24 tard le soir ou le 25 décembre. Au menu, pour les fêtes, il y a la dinde farcie aux marrons et comme dessert, la bûche. Le 26 décembre n'est pas un jour férié ! Qu'est-ce qu'on fait aussi ? Réfléchissez pour pouvoir intervenir dans la présentation du conteur.

Exemple : – Le sujet de mon exposé est la fête de Noël, en France. Noël se fête le 25 décembre.
+ Excuse-moi de t'interrompre. Tu ne vas pas parler de Noël au Québec ?
– Non…
+ Et des traditions dans le Sud de la France ?
– Après… alors laissez-moi continuer…
+ J'en ai pour une minute, je voudrais te demander…

52. Le conteur interrompu : La Saint-Sylvestre comme en France !

A2 B1 B2

Lernziele
- Französische und deutsche Feste und Gebräuche vergleichen
- Erzählen
- Bei einer Veranstaltung intervenieren: Präsentieren, um Sprecherlaubnis fragen/das Wort erteilen/nach Erklärungen fragen/Erklärungen geben/zum Thema zurückkehren: *je voudrais poser une question…, j'aimerais ajouter…, excuse-moi de t'interrompre mais… , excuse-moi de te couper la parole…, laissez-moi finir…, j'en ai pour une minute…*
- Zusammenfassen: *je reprends mon sujet…, j'étais en train de dire que…, je voudrais revenir sur un point…*

Verlauf
Es wird mit einem Erzähler und zwei weiteren Spielern gespielt.
Ziel des Spiels ist es, ein Fest zu präsentieren und auch bei einer Veranstaltung zu intervenieren.
Der Erzähler beginnt, Traditionen bei einem Fest zu beschreiben. Die anderen Spieler ergreifen das Wort, um detaillierte Vergleiche mit Deutschland herauszufinden. Sie fragen. Ziel des Spiels ist es, den Erzähler so oft wie möglich zu unterbrechen. Dieser muss jede Frage beantworten und wieder das Wort ergreifen.

A2

Der Erzähler spricht zunächst 3 Minuten am Stück. Dann erst stellen die Spieler Fragen.

Consignes
En groupes de 3 :
Un conteur doit parler pendant 3 minutes de la Saint-Sylvestre.
Les 2 autres joueurs demandent la parole pour poser des questions ou comparer avec l'Allemagne.
Le but du jeu est de couper la parole au conteur.
Mais d'abord, renseignez-vous !

La Saint-Sylvestre comme en France !
Le soir du 31 décembre, on réveillonne. On prépare un grand repas… À minuit, on s'embrasse sous une boule de gui parce que ça porte bonheur ! Traditionnellement, il n'y a pas de pétards. Mais on danse jusqu'au matin ! Et en Allemagne ? Réfléchissez pour pouvoir intervenir dans la présentation du conteur.

Exemple : – Je vais vous parler de la Saint-Sylvestre en France…
+ Ce n'est pas comme en Allemagne ?
– Non, laissez-moi vous expliquer…
+ Excuse-moi mais est-ce qu'on peut te poser des questions…

53. Le conteur interrompu : Le 11 novembre comme en France !

Lernziele

A2 B1 B2

- Französische und deutsche Feste und Gebräuche vergleichen
- Erzählen
- Bei einer Veranstaltung intervenieren: Präsentieren, um Sprecherlaubnis fragen/das Wort erteilen/nach Erklärungen fragen/Erklärungen geben/zum Thema zurückkehren: *je voudrais poser une question…, j'aimerais ajouter…, excuse-moi de t'interrompre mais… , excuse-moi de te couper la parole…, laissez-moi finir…, j'en ai pour une minute…*
- Zusammenfassen: *je reprends mon sujet…, j'étais en train de dire que…, je voudrais revenir sur un point…*

Verlauf

Es wird mit einem Erzähler und zwei weiteren Spielern gespielt.
Ziel des Spiels ist es, ein Fest zu präsentieren und auch bei einer Veranstaltung zu intervenieren.
Der Erzähler beginnt, Traditionen bei einem Fest zu beschreiben. Die anderen Spieler ergreifen das Wort, um detaillierte Vergleiche mit Deutschland herauszufinden. Sie fragen. Ziel des Spiels ist es, den Erzähler so oft wie möglich zu unterbrechen. Dieser muss jede Frage beantworten und wieder das Wort ergreifen.

Der Erzähler spricht zunächst 3 Minuten am Stück. Dann erst stellen die Spieler Fragen.

A2

Consignes

En groupes de 3 :
Un conteur doit parler pendant 3 minutes de la fête du 11 novembre.
Les 2 autres joueurs demandent la parole pour poser des questions ou comparer avec l'Allemagne.
Le but du jeu est de couper la parole au conteur.
Mais d'abord, renseignez-vous !

Le 11 novembre
C'est le jour du Souvenir. À l'origine, c'était pour commémorer l'armistice de la guerre de 1914-1918. Aujourd'hui, ce jour-là, on rend hommage à tous les Français morts pour la France pendant la Seconde Guerre mondiale, la guerre d'Algérie et dans les missions récentes. Dans chaque ville et village, le maire prononce un discours devant le monument aux morts et y dépose des fleurs. Souvent, les écoliers viennent chanter la Marseillaise. Le 11 novembre est un jour férié.

En Allemagne, le 11 novembre, c'est la Saint Martin… Qu'est-ce qu'on fait ce jour-là ? Réfléchissez pour pouvoir intervenir dans la présentation du conteur.

Exemple : – Le Jour du Souvenir est le thème de ma présentation.
+ À propos, j'ai une question…
– Je répondrai aux questions à la fin de ma présentation.
+ Oui, mais c'est très important…

54. Situation : Vive le 14 juillet !

A2 B1

Lernziele
- Annoncen lesen
- Vorschlagen etwas zu tun: *on pourrait…, j'aimerais bien…, qu'est-ce que tu dirais de…, et si on allait…*
- Sich einigen: *c'est une bonne idée ! d'accord !*

Verlauf
Falls notwendig, wird zunächst der 14. Juli, der Nationalfeiertag, kurz mit entsprechendem Vokabular eingeführt (*retraite aux flambeaux, feu d'artifice*).
Es wird zu zweit gespielt. Ein Spieler ist in der Normandie bei seinem Brieffreund und verbringt dort die Ferien. In der nächsten Woche ist der 14. Juli. Am Morgen wird die Familie die Militärparade im Fernsehen anschauen. Und danach? Das Programm für die Feste und Veranstaltungen in Granville und in Saint-Jean-le-Thomas wird vorgelesen. Die Schüler sollen sich auf einen Ort einigen. Die Familie wohnt 5 km von Granville und 8 km von Saint-Jean-le-Thomas entfernt.

Consignes
Jeu à 2 :
Tu es en vacances chez ton corres en Normandie.
La semaine prochaine, c'est le 14 juillet.
Le matin, ses parents regarderont le défilé militaire à la télévision.
Mais après, que ferez-vous ?
Écoutez le programme des fêtes à Granville et à Saint-Jean-le-Thomas.
Mettez-vous d'accord pour choisir une destination sachant que vous habitez à 5 km de Granville et 8 km de Saint-Jean-le-Thomas.

Granville (Manche)
Retraite aux flambeaux, fanfare de rue, feu d'artifice sur la plage suivi d'un grand bal populaire vous attendent à Granville ! Pour un week-end inoubliable !

Saint-Jean-le-Thomas (Manche)
Venez admirer ce feu d'artifice au-dessus de la Baie du Mont-Saint-Michel. Cette année une ambiance cubaine régnera pendant le week-end.
Vous avez aussi la possibilité d'effectuer un dîner-croisière avec vue imprenable sur le feu d'artifice !

55. Les symboles de la République

A1 A2 B1 B2

Lernziele
- Ein Foto beschreiben
- Informationen zum Ursprung und zur Bedeutung eines Symbols austauschen

Material
KV 55 (1 KV für jedes Paar in zwei Teile schneiden)

Verlauf
Zunächst wird die mündliche Ausdrucksfähigkeit geübt (ein Emblem beschreiben), danach das Leseverständnis (die entsprechenden Erklärungen zu einem Emblem finden).
Abwechselnd wählt ein Spieler ein Foto aus. Es wird dem Mitspieler nicht gezeigt. Das Foto wird beschrieben und dann werden Fragen gestellt. Es soll herausgefunden werden, was das gezeigte Symbol bedeutet, woher es kommt, etc. Der andere Spieler antwortet.

Consignes
En paires :
À tour de rôle, un joueur choisit une photo sans la montrer.
Décrivez cette photo et ensuite posez des questions.
Vous voulez savoir ce que signifie le symbole représenté, quelle est son origine, etc.
L'autre joueur répond.

Solutions
La Marseillaise
le coq français
Liberté Égalité Fraternité

RF : République Française
Marianne
le drapeau tricolore

Les symboles de la République

En paires : À tour de rôle, un joueur choisit une photo sans la montrer. Décrivez cette photo et ensuite posez des questions. Vous voulez savoir ce que signifie le symbole représenté, quelle est son origine, etc. L'autre joueur répond.

Joueur A

Commentaires:

1. Ces initiales signifient République Française.
2. C'est un emblème national qui se trouve dans toutes les mairies et souvent sur les timbres. Cette femme qu'on appelle Marianne incarne la République. Elle porte le bonnet des révolutionnaires. (Dans l'antiquité, en Grèce et à Rome, les esclaves affranchis portaient ce bonnet). Cet emblème date de la Révolution.
3. Le drapeau français date de la Révolution. Le bleu et le rouge sont les couleurs de la ville de Paris et le blanc, la couleur du roi.

ISBN 978-3-12-525845-7

Les symboles de la République

En paires : À tour de rôle, un joueur choisit une photo sans la montrer. Décrivez cette photo et ensuite posez des questions. Vous voulez savoir ce que signifie le symbole représenté, quelle est son origine, etc. L'autre joueur répond.

Joueur B

Commentaires :

1. La Marseillaise est l'hymne national. Il date de la Révolution. Comme il était chanté par une troupe de Marseillais, on l'a appelé La Marseillaise. C'est un chant de guerre, contre la tyrannie, pour la liberté « liberté chérie » !
2. C'est l'emblème des sportifs français à l'étranger. Ce symbole gaulois vient du latin « gallus » qui signifie coq et gaulois !
3. C'est la devise de la République Française. Elle est apparue à la Révolution vers 1789-91.

ISBN 978-3-12-525845-7

56. Chanson : *Liberté* de Louis Chedid

A1 A2 B1 B2

Lernziele
- Seine Meinung ausdrücken
- Intonation und Ausdruck

Material
KV 56 (1 KV pro Person)

Verlauf
Den Spielern wird erklärt, dass die Freiheit Thema der französischen Nationalhymne ist. Der hier vorliegende Songtext wurde von Louis Chedid komponiert und gesungen. Louis Chedid ist der Sohn der französisch-ägyptischen Schriftstellerin Andrée Chedid. Er ist außerdem der Vater des Sängers Matthieu Chedid, der auch -M- genannt wird.
Die Hymne wird angehört: http://www.paroles.net/louis-chedid/paroles-liberte

A1

Während des Hörens wird mitgelesen, um die Übung machen zu können.

A2 B1 B2

Die Übung wird bearbeitet.
Danach werden die Schüler nach einer möglichen Rap-Interpretation befragt. Mehrere Schüler können sich auch zusammenschließen, um eine eigene Interpretation zu liefern. Dabei liest jeder Einzelne vor und liefert eine eigene Interpretation.
Danach wird der Refrain im Chor wiederholt.

Consignes

a. Écoutez cette chanson et essayer de transcrire le texte.
Dans la 1ère strophe, quels mots se réfèrent à la liberté d'expression ?
À la censure ?
Dans la 2ème strophe, quels mots se réfèrent à la liberté de circulation ?
À la liberté de penser ?

b. À vous d'interpréter cette chanson ! Pourquoi pas comme un rap !
Entraînez-vous en petits groupes et filmez-vous.

Chanson : *Liberté* de Louis Chedid

La liberté est le thème de l'hymne national français, thème, très cher aux Français. La chanson proposée, ici, est composée et interprétée par Louis Chedid.

a. Écoutez cette chanson et essayer de transcrire le texte.
Dans la 1ère strophe, quels mots se réfèrent à la liberté d'expression ? À la censure ?
Dans la 2ème strophe, quels mots se réfèrent à la liberté de circulation ? À la liberté de penser ?

b. À vous d'interpréter cette chanson ! Pourquoi pas comme un rap !
Entraînez-vous en petits groupes et filmez-vous.

Écrire sur les murs ce que l'on pense
Graffiti-morsures*, impertinences*. * Biss *Frechheit
Noircir du papier, sans qu'on vous poursuive*, *verfolgen

Bondir, exister et non pas survivre.
Qu'on ait tort, qu'on ait raison,
Pouvoir le dire haut et fort
Sans craindre la prison
Ni risquer la mort.

Ooohhh!!! liberté chérie !
Ooohhh!!! liberté chérie !
Ooohhh!!! liberté chérie !
Ooohhh!!! liberté chérie !

Libre d'aller, de venir,
De passer les frontières,
De voyager, de bouger, de partir
De faire le tour de la terre.
Ni Dieu, ni maître, ni esclave de personne,
Liberté, liberté pour tous les hommes.
Pour calmer la blessure de l'impuissance* * Ohnmacht
Je fais des graffiti sur les murs d'intolérance.

(Refrain)

ISBN 978-3-12-525845-7

57. Médiation : La République est laïque ! L'école est laïque !

A2 B1 B2

Lernziele
- Sprachmittlung
- Zusammenfassen

Material
KV 57 (Klett-Online-Code **ntgw273** auf www.klett-sprachen.de eingeben)

Verlauf
Das Prinzip der Laizität der französischen Republik wird erklärt: Der Staat und die Kirche sind getrennt. Religion ist Privatsache. Dies bedeutet, dass es in öffentlichen Schulen keinen Religionsunterricht gibt. Zum besseren Verständnis gibt es in allen öffentlichen Schulen seit 2013 eine sog. « charte de la laïcité à l'école ». Es gibt auch Privatschulen, die Religion unterrichten können. Dies sind v.a. die katholischen Schulen. Ziel dieser Aktivität ist es (einen Teil) aus dieser Satzung zu sprachmitteln. Die 15 Gruppen sollen ihre Sprachmittlung auch schriftlich präsentieren. Austausch im Plenum.

Consignes
Formez 15 groupes. Chacun médie un article. Pour terminer faites ensemble un résumé écrit.

Ihre Online-Ressourcen

▶ Klett-Online-Code ntgw273 auf www.klett-sprachen.de eingeben

58. Discussion : La charte de la laïcité à l'école

B1 B2

Lernziele
- Interaktion bei Gesellschaftsspielen
- Seine Meinung ausdrücken: *à mon avis, ça exprime…, ça signifie…, ça se réfère à…*
- Das Wort ergreifen

Material
KV 57 (Klett-Online-Code **ntgw273** auf www.klett-sprachen.de eingeben)

Verlauf
(s. Spiel 57): Ziel dieser Aktivität ist es zu verstehen, dass die Laizität die Prinzipien von « Liberté, Égalité und Fraternité" in der französischen Republik garantieren. Die 3 Gruppen diskutieren untereinander im Hinblick auf die folgenden 3 Wörter: *Liberté, Égalité* und *Fraternité.*

Consignes
a. Faites 3 groupes. Discutez des 3 notions Liberté, Égalité et Fraternité.
b. Pouvez-vous expliquer cette citation du philosophe Alain : « La République est une philosophie avant d'être un régime; elle est une Église, une Église laïque dont le dogme est la libre pensée et dont le prêtre est l'instituteur. »

59. Une dictée... pour les amoureux de la langue française !

Lernziele
- Sprachmittlung
- Schreiben: Orthografie, Grammatik

A1 A2 B1 B2

Material
KV 59 (Klett-Online-Code **ntgw273** auf www.klett-sprachen.de eingeben)

Verlauf
Die Einführung wird erklärt. Es folgt ein Diktat. Dafür wird ein kürzlich gelesener Text ausgesucht.

A1 A2 B1 B2

Es wird in Paaren gearbeitet. Der Lehrer liest den Text vor. Während des Hörens werden Notizen gemacht. Danach erfolgt eine Sprachmittlung ins Deutsche. Es folgt ein Diktat von einem kürzlich gelesenen Text.
Mehr unter: http://timbresdelorthographe.com/

Consignes
a. Écoutez ce texte et prenez des notes.
Puis médiez en allemand.
b. Que diriez-vous maintenant d'une dictée ?
Qui fera zéro faute ?
Bonne chance !

Les Timbrés de l'orthographe

Pendant 20 ans, le journaliste, Bernard Pivot, a organisé des championnats d'orthographe, d'abord en France puis à l'échelle mondiale. Pour la dernière dictée, 240 finalistes, venus du monde entier, étaient réunis à New-York. Depuis l'enthousiasme ne faiblit pas. De nombreux clubs d'orthographe sont apparus qui proposent un concours annuel. Par exemple, les Timbrés de l'orthographe organisés par l'Éducation nationale, la Poste et plusieurs magazines dont le Nouvel Observateur. Une dictée, retransmise à la télévision, rassemble 10 000 candidats !!
Dans les trois catégories suivantes :
– les enfants cadets : 8–12 ans
– les juniors : 13–18ans
– les adultes : à partir de 18 ans.

Ihre Online-Ressourcen

▶ Klett-Online-Code ntgw273 auf www.klett-sprachen.de eingeben

60. Langue française et poésie dans le métro

A1 A2 B1 B2

Lernziele

- Ein Gedicht lesen/schreiben

Material

KV 60 (1 KV pro Person)

Verlauf

Zunächst wird erklärt, dass die Franzosen ihre Sprache sehr lieben! Jedes Jahr gibt es in ganz Frankreich zahlreiche Veranstaltungen zur französischen Sprache wie z. B. *Printemps de poètes*. Dies ist eine Woche der französischen Sprache zur Behandlung von Lektüren, Spielen und Wettbewerben.
RATP *(le métro parisien)* organisiert z. B. einen Gedichtwettbewerb. Die besten Gedichte dieses Wettbewerbs werden dann in der Métro aufgehängt.
Es wird eines der vorgeschlagenen Gedichte auf der KV gelesen. Auf der Seite http://www.ratp.fr/fr/ratp/r_113801/grand-prix-poesie-ratp-voici-les-resultats/ finden Sie weitere Beispiele.
Es werden sehr einfache Fragen gestellt.
In Paaren wird ein Thema ausgewählt, z. B. *le bonheur ou la beauté*. Danach wird ein kurzes Gedicht zu diesem Thema verfasst.
Als Vorbereitung werden Wörter, die mit dem Thema assoziiert werden, gesammelt, z. B. *bonheur / beauté*. Es wird zusammen nach Reimwörtern gesucht:
bonheur : heure – beurre – peur – cœur – fleur – odeur – lueur
beauté : aimé – côté – clé – blé – verbes en -er …
Am Ende können die Gedichte wie bei der RATP Gedichte in der Klasse aufgehängt werden.

Consignes

a. La RATP propose d'envoyer soit un poème court – 4 lignes -, soit un long – 12 lignes -, en vers ou en prose, composé de 600 signes maximum.
Les poèmes des dix lauréats sont affichés sur le réseau RATP durant l'été.
Ces concours de poésie sont largement suivis (entre 7 000 et 8 000 participants).
Lisez un de ces poèmes.
Est-ce qu'il vous a plu ?
Pourquoi ?

b. En paires :
Choisissez un thème : le bonheur ou la beauté.
Comme dans les poèmes sélectionnés, rédigez un court poème.

Langue française et poésie dans le métro

La RATP propose d'envoyer soit un poème court – 4 lignes -, soit un long – 12 lignes -, en vers ou en prose, composé de 600 signes maximum. Les poèmes des dix lauréats sont affichés sur le réseau RATP durant l'été. Ces concours de poésie sont largement suivis (entre 7 000 et 8 000 participants). Lisez un de ces poèmes. Est-ce qu'il vous a plu ? Pourquoi ?

LA POÉSIE

La poésie est dans ma poche
Ou bien dans ma sacoche
Elle est dans le sac de ma mère
Ou bien dans les chaussures de mon père
Dans le cartable de mon grand frère
Ou dans le grenier de mon grand-père
Elle est dans la cuisine de ma grand-mère
Ou les jouets de mon petit frère
Elle est dans les secrets de mes copains
Ou dans les aventures de mes cousins
La poésie est partout
Et…elle nous met sens dessus dessous

© Léopoldine Boucher.

b. *À vos plumes !*
En paires, choisissez un thème : le bonheur ou la beauté. Comme dans les poèmes sélectionnés, rédigez un court poème.

Klett

ISBN 978-3-12-525845-7

61. La Semaine du Goût : une dégustation comme en France

A1

Lernziele

- Learning by doing
- Geschmäcker und Vorlieben
- Durchführung einer Verkostung
- Eine Beurteilung abgeben: *C'est bon, c'est délicieux, c'est horrible, j'aime, j'adore, je déteste, je préfère, sucré, salé, amer, acide*

Material

Variante 1: dunkle Schokolade, weiße Schokolade, Vollmilchschokolade und aktuelle Geschmackssorten
Variante 2: kleine Frucht- und Gemüsestücke (Birnen, Äpfel, Karotten, Gurken, Sellerie, Grapefruit)
Plakate für die Verkostung
(Klett-Online-Code **ntgw273** auf www.klett-sprachen.de eingeben)

Verlauf

Den Schülern wird erklärt, dass jeden Herbst seit 25 Jahren die « Semaine du Goût » der Köche, Konditoren... stattfindet. Daher werden u.a. Workshops für Kinder an Schulen und für die Allgemeinheit auf den Märkten organisiert. Kosten will gelernt sein! Die folgende Verkostung zeigt die Bedeutung von Geschmack in Frankreich. Es wird eine Verkostung für 8-10-Jährige wie in Frankreich organisiert. Die Schüler schließen die Augen. Es wird ihnen erklärt, dass so die Geschmäcker besser zur Geltung kommen. Mehr unter: http://www.legout.com/

Ihre Online-Ressourcen

▶ Klett-Online-Code ntgw273 auf www.klett-sprachen.de eingeben

Variante 1

Jeder Spieler erhält ein Stück dunkle Schokolade zum Kosten. Der bittere Geschmack soll erraten werden. Ebenso wird mit der süßen Vollmilchschokolade verfahren, der Nussschokolade oder anderen aktuellen Geschmackssorten. Es werden Fragen gestellt, um die Schüler zum Sprechen zu bringen:
Je vais vous donner un morceau de chocolat noir, blanc et au lait. Fermez les yeux pour mieux goûter.
Est-ce que vous aimez ? Comment est le chocolat noir ? Est-ce qu'il est sucré ? ... Non, il est amer. Et le chocolat au lait ? Est-ce qu'il est amer ? .... Comment il est ? ... Sucré ?... Oui ! Lequel préférez-vous ? Reconnaissez-vous ce chocolat (parfumé...) ?...

Variante 2

Jeder Spieler erhält ein Frucht-/Gemüsestück und soll unter 4 Geschmackssorten die richtigen herausfinden. Es werden Fragen gestellt, um die Schüler zum Sprechen zu bringen.

Consignes

Je vais vous donner des morceaux de fruits ou de légumes. Fermez les yeux pour mieux les goûter... ; Alors... ; Qu'est-ce que c'est ?... ; Dites-moi : C'est sucré ? C'est acide ? ; C'est salé ? C'est amer ? (Procéder de la même manière avec d'autres fruits et légumes.)
Est-ce que vous aimez ? Comment est le chocolat noir ? Est-ce qu'il est sucré ? ; ... Non, il est amer. Et le chocolat au lait ? Est-ce qu'il est amer ? ... Comment il est ? ... Sucré ? ... Oui ! Lequel préférez-vous ? Reconnaissez-vous ce chocolat (parfumé...) ?...

62. La cuisine française

A2 B1 B2

Lernziele

- Seine Meinung äußern und begründen: *Je suis pour parce que…, c'est important de…, c'est nécessaire…, il est indispensable de…, tu as raison, je suis de ton avis, tu as tort, je ne vois pas les choses comme ça*

Verlauf

Das Thema wird präsentiert. Das Dokument wird vorgelesen. Es werden Verständnisfragen gestellt. Danach erfolgt eine Diskussion in Kleingruppen.

Consignes

a. Écoutez ce texte.
b. Êtes-vous d'avis que le goût s'apprend ? Pensez-vous que la Semaine du Goût est justifiée ?
c. En petits groupes, discutez.

La cuisine française
La cuisine française est classée par l'Unesco. En effet, elle occupe une place centrale dans la culture et la société. (Savez-vous par exemple qu'on recense plus de 300 fromages ?) Pour préserver cet héritage, une « Semaine du Goût » est organisée chaque année, en automne, dans la France entière. Des milliers de cuisiniers, de pâtissiers, de professionnels organisent des ateliers pour les enfants dans les écoles, et pour tout le monde sur les marchés et dans les restaurants. Parce que goûter ça s'apprend !*

** Elle est classée au patrimoine culturel immatériel de l'humanité, comme d'ailleurs la diète méditerranéenne et le pain d'épices croate et la cuisine traditionnelle mexicaine.*

Solutions

Quelques arguments pour ou contre :
Il faut s'ouvrir aux différentes saveurs : pour les connaître, il faut y goûter.
Il est indispensable d'apprendre à manger sainement.
Il est nécessaire de savoir ce que l'on mange !
Il est important de transmettre ce savoir-faire !
La Semaine du Goût est une action commerciale !
C'est pour encourager la gourmandise !
C'est pour aider les restaurants et les commerces !
La cuisine française fait partie de notre héritage culturel !

63. Discussion : Dis-moi ce que tu manges, je te dirai qui tu es…

A1 A2 B1 B2

Lernziele
- Diskutieren
- Seine Meinung äußern und begründen
- Ursache und Folge: *Pourquoi ? Pour quelles raisons ? parce que, alors, pour cette raison, donc*
- Zusammenfassen: *pour résumer, on en conclut, pour conclure, finalement*

Verlauf
Um keine zu lange Diskussion zu führen, wird eine bzw. werden zwei Fragen ausgewählt.
Die Spieler diskutieren in Paaren oder Kleingruppen und sollen dann eine Diskussion im Plenum führen. Am Ende soll herauskommen, dass unser Geschmack von den Lebensmittelgewohnheiten unseres Landes bestimmt und beeinflusst wird (z. B. isst man in Frankreich Muscheln, Termiten in Australien, Hunde in China …). Auch der religiöse Hintergrund bestimmt und beeinflusst unseren Geschmack.

A1

Die Spieler sollen reagieren: *J'adore ! Quelle horreur ! Jamais de la vie ! Non, merci ! Pourquoi pas !*

B1 B2

Die Spieler sollen ihre Antworten begründen.

Consignes
a. Discutez à 2 ou en petits groupes.
b. Pour conclure quels facteurs influencent vos goûts pour la cuisine ?
Qu'est-ce que vous aimez manger ?
Qu'est-ce que vous ne voulez pas manger ?

Questions possibles :
1. *Aimes-tu ou aimerais-tu manger un steak tartare, c'est-à-dire un steak haché cru mélangé avec un jaune d'œuf cru ?*
2. *On mange les huîtres vivantes. C›est excellent ! Voudrais-tu y goûter ?*
3. *Avez-vous envie de goûter aux termites ? Il paraît que ça ressemble à des chips…*
4. *La chair du chat et du chien est particulièrement appréciée dans certains pays. Souhaites-tu en manger ?*
5. *Mangerais-tu du rat ?*
6. *Manges-tu du porc ? Qui n'en mange pas ? Pourquoi ?*
7. *Tu préfères la viande bleue ou bien cuite ?*

64. Discussion : Du foie gras pour les fêtes ?

Lernziele

- Seine Meinung äußern: *il faut peser le pour et le contre, personnellement...* A1 A2 B1

Verlauf

Es wird erklärt, dass die « foie gras" ein traditionelles Rezept aus dem Südwesten Frankreichs ist. Es werden folgende Wörter erklärt: *une oie, le gavage, le foie, la migration, un tuyau.* Danach werden die Anmerkungen von der Lehrkraft gelesen. Es folgt eine Diskussion. Mehr Informationen zur « foie gras » findet man unter: www.france.fr (Auf Gastronomie dann Foie gras klicken).

Nur die einfachsten Anmerkungen werden gelesen. Die Schüler werden nach ihren Lieblingskommentaren befragt. A1

Die Schüler hören die Argumente für oder gegen das Stopfen der Gänse und Enten zur Produktion von « foie gras » und bilden entsprechend 2 Gruppen: Eine Gruppe ist POUR, die andere CONTRE. A2 B1

Consignes

Je vais lire des commentaires sur le foie gras.

Avec quel commentaire êtes-vous d'accord ? A1

Faites 2 groupes : Un groupe POUR, un groupe CONTRE. A2 B1

1. *Je suis totalement contre ! Le gavage est un acte de barbarie !*
2. *Mettons-nous à la place de l'animal ! Il est si gros qu'il ne peut plus bouger ! Ni faire sa toilette !*
3. *Un animal ne peut pas se défendre !*
4. *Le foie gras, c'est délicieux !*
5. *C'est cruel ! On lui met un tuyau dans le bec et on verse la nourriture !*
6. *Pendant ce temps, il y a des gens qui meurent de faim !*
7. *Vous êtes complètement débiles ! Comparer une oie à un être humain !*
8. *L'oie se fait ce gavage à l'état naturel – il faut des réserves pour pouvoir voler des milliers de km le temps de la migration ! Au bout de quelques jours, son foie redevient tout à fait normal !*
9. *Le gavage est une torture !*
10. *La vraie question est : Sommes-nous capables de sacrifier notre gourmandise ?*
11. *Moi, je suis pour que des agriculteurs vivent bien ! Le gavage est une tradition ancestrale !*
12. *Pour moi, je n'achèterais pas de foie gras mais c'est pour mes invités...*

65. À qui je pense ? Ma BD préférée…

A1 A2 B1 B2

Lernziele
- Sprachmittlung
- Fragen zur Personenbeschreibung stellen

Material
KV 65

Verlauf

A1

Die Situation wird zunächst mit französischen Comics präsentiert.

A2 B1 B2

Die Schüler bearbeiten die Einführung als Sprachmittlung.

A1–B2

Den Schülern werden Fragen gestellt: *Quelles BD connaissez-vous ? Laquelle préférez-vous ?…* Dann wird in Kleingruppen weitergespielt.

Consignes

a. Lisez l'introduction puis médiez-la pour vos copains qui ne comprennent pas le français.

b. En petits groupes :
Un de vous pense à un personnage d'une BD de langue française.
Les autres posent des questions pour deviner.
Vous pouvez vous aider des photos.

Solutions

Lucky Luke (qui tire plus vite que son ombre)
Jolly Jumper : son cheval
les frères Dalton
Gaston Lagaffe
Astérix et Obélix

Tintin, Milou, Capitaine Haddock, Professeur Tournesol

À qui je pense ? Ma BD préférée...

a. Lisez l'introduction puis médiez-la pour vos copains qui ne comprennent pas le français.

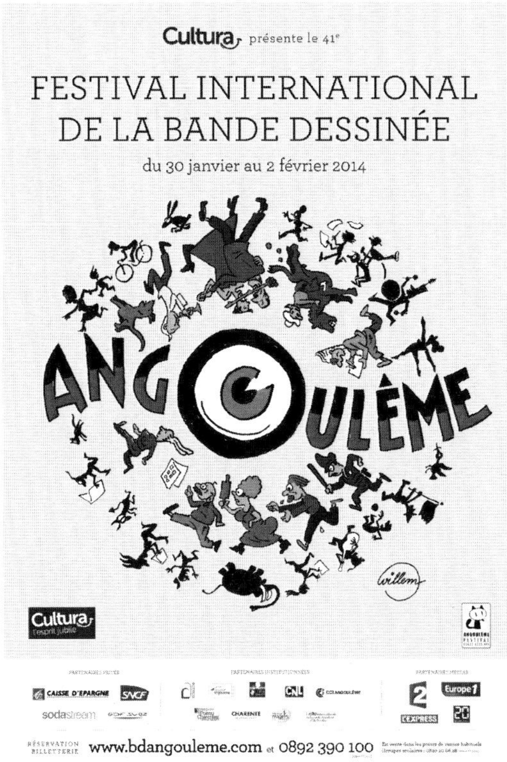

© Willem / 9e Art+ 2014

La France est la terre d'accueil de la bande dessinée.

Un festival international de la BD se tient chaque année à Angoulême, depuis plus de 40 ans.

Il attire plus de 200 000 visiteurs !

La bande dessinée s'adresse aux jeunes mais aussi aux adultes.

36 millions d'albums ont été vendus cette année en France !

Elle est considérée comme le 9ème art.

b. En petits groupes :
Un de vous pense à un personnage d'une BD de langue française.
Les autres posent des questions pour deviner.
Vous pouvez vous aider des photos.

ISBN 978-3-12-525845-7

66. Pays francophones : À quel pays est-ce que je pense ?

A1 A2 B1 B2

Lernziele

- Eine Definition geben: *c'est un pays qui…, que…*
- Eine situative Einordnung vornehmen: *au nord…, dans le nord de…, les points cardinaux*
- Nach Erklärungen suchen
- Vermutungen anstellen: *c'est peut-être…*

Verlauf

In Kleingruppen oder im Plenum: Ein Spieler denkt sich ein frankophones Land aus. Die anderen Spieler denken sich Fragen aus, um das Land zu erraten. Der Befragte antwortet nur mit *oui* oder *non*.

Consignes

Un joueur pense à un pays francophone.
Posez des questions pour deviner à quel pays il pense.
Il ne répond que par oui ou non.

67. Le voyage dans un pays francophone

A1 A2 B1 B2

Lernziele

- Ein Programm und Reiseführer präsentieren
- Ein Land präsentieren

Material

KV 67 (Klett-Online-Code **ntgw273** auf www.klett-sprachen.de eingeben)

Verlauf

In Kleingruppen werden frankophone Urlaubsziele ausgewählt. Je nach Niveau organisieren die Schüler eine Reise mit Hilfe von Fotos und einer Enzyklopädie. Die Reise der jeweiligen Gruppe wird den anderen Gruppen vorgestellt und erzählt.

Consignes

Vous avez envie de plages sous les cocotiers ? Ou bien, de neige à l'infini…

a. *En petits groupes, choisissez une destination francophone et organisez votre voyage à l'aide de photos et d'une encyclopédie.*
Qu'est-ce qui vous intéresse ? Les paysages ? La culture ? Les sports ?

b. *Racontez votre voyage aux autres groupes.*
Qui vous accompagnera à votre prochain départ ?
Bravo au groupe qui aura le plus de participants !

Ihre Online-Ressourcen

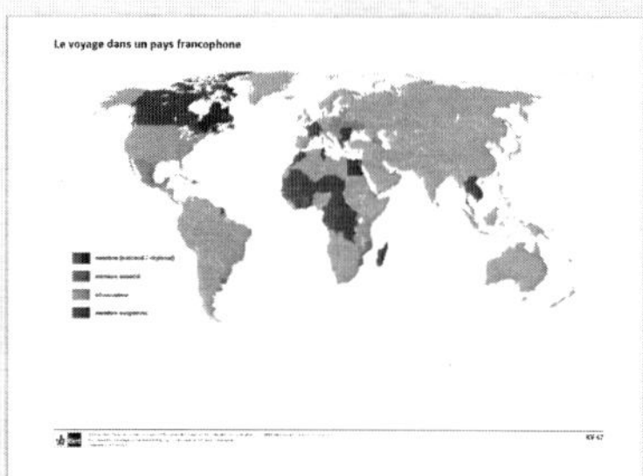

▶ Klett-Online-Code ntgw273 auf www.klett-sprachen.de eingeben

68. Le match : les mots-clés du Québec

A2 B1 B2

Lernziele

- Eine Minipräsentation machen: *Le sujet de ma présentation…, ma présentation traite de…, en conclusion, pour finir*
- Verständnisfragen zum Ausdruck bringen: *je ne connais pas ce mot, est-ce que vous pourriez m'expliquer*
- Interaktion bei Gesellschaftsspielen: *Est-ce que quelqu'un peut m'aider ? Est-ce que quelqu'un sait ce que veut dire…? À ton tour ! À toi de jouer !*

Verlauf

In diesem Spiel geht es darum, 12 Wörter erklären zu lassen. Die Anzahl der Wörter kann auch bezüglich der Anzahl der Spieler reduziert werden. Danach erfolgt ein Austausch im Plenum, um die gewonnenen kulturellen Erkenntnisse zu vertiefen.

Consignes

2 équipes de 6 personnes : À tour de rôle, chaque membre d'une équipe choisit un mot et en parle pendant 3 minutes. Il explique pourquoi c'est un mot-clé pour le Québec.
Si vous ne connaissez pas ce mot ou si vous avez besoin d'aide : demandez l'aide de votre équipe.
Personne ne peut vous aider : cherchez sur Internet !
Pour le calcul des points :
Réponse correcte, sans l'aide de votre équipe : 10 points.
Réponse correcte, avec l'aide de votre équipe : 7 points.
Réponse correcte, avec recherche sur Internet : 4 points.
Quelle équipe gagnera ?

un chum
le sirop d'érable
Jacques Cartier
une cabane à sucre
le St-Laurent
le joual
le château Frontenac
Bonhomme Carnaval
le hockey
les bébés phoques
le Canada
l'hiver

69. Le Québec : les faux amis

A1 A2 B1

B2

Lernziele
- Französische « faux amis » und solche aus Quebec

Verlauf
Diese Aktivität ermöglicht den Vergleich des « savoir-vivre » in Quebec und in Frankreich. Es wird zu zweit gespielt. Danach erfolgt ein Austausch im Plenum.

Consignes
Dans les 4 situations suivantes, que ferait-on ou que dirait-on en France ?
Quelles sont les différences ?
Traduis en français de France !

Au Québec :

1. *On vous invite pour dîner. Vous arrivez vers midi. Et en France ?*
2. *On vous dit à 10 heures du matin : tu veux une liqueur ? Que répondrait un Français (sobre)… ?*
3. *À table, un Québécois vous complimente : « Ce dessert est écœurant ! » Que comprend un Français ?*
4. *Viens tôt pour souper. Après, on ira au théâtre ! C'est curieux pour un Français ! Pourquoi ?*

Solutions
1. *Q. le dîner : F. le déjeuner*
2. *Q. une liqueur : F. une limonade*
3. *Q. un dessert écœurant : F. un bon dessert*
4. *Q. le souper : F. le dîner*

70. Devinettes : les expressions québécoises

A1 A2 B1 B2

Lernziele
- Ein Wort/einen Ausdruck erklären: *ça signifie, dans ce contexte, on peut deviner le sens*
- Meinungen äußern: *qu'en penses-tu ?*
- Vermutungen anstellen: *c'est probablement, sans doute*

Verlauf
Ziel des Spiels ist es mit vorgegebenem Kontext den Sinn der ausgewählten Ausdrücke zu erraten.
Das Spiel kann zu zweit oder im Plenum gespielt werden. Es werden Fragen in Form von Rätseln gestellt.

Consignes
Pouvez-vous deviner ce que signifient ces expressions ?

Au Québec :

a. débarquer d'un char	*On est arrivé ! Débarquez du char !*
b. un dépanneur	*Je vais acheter du lait au dépanneur !*
c. mouiller	*Prends un parapluie. Il mouille !*
d. voyager sur le pouce	*Tu es parti en train ? Non on a voyagé sur le pouce ! Et on n'a pas attendu !*
e. magasiner	*Le vendredi, on magasine pour toute la semaine.*

Solutions
descendre d'une voiture
un épicier
pleuvoir
faire du stop
faire les courses

71. Jeu de cartes : Le roi du carnaval de Québec

A1

Lernziele
- Informationen austauschen: Fragetechnik

Material
KV 71 (1 KV pro Paar in Karten schneiden)

Verlauf
Dieses Spiel übt das Stellen von Fragen. Ziel des Spiels ist es in Frage/Antwort Paaren zu üben.

Consignes
En paires : Chacun a 4 cartes-questions. À tour de rôle, lisez une question en faisant une phrase complète et prenez une carte-réponse. Si c'est la réponse, mettez les 2 cartes devant vous. Changez de rôle.

72. Reportage aux Antilles : le carnaval, un mélange culturel

A1 B1 B2

Lernziele
- Eine Präsentation machen: *dans ma présentation il sera question de…, d'abord…, ensuite…, pour finir…*
- Fotos kommentieren: *sur la photo…, on voit…, vous remarquez à gauche…*
- Zusammenfassen

Material
KV 72

Verlauf
Die Schüler sollen zu Hause zu zweit oder in Kleingruppen einen Minivortrag vorbereiten. Mehrere Gruppen präsentieren dann ihren Vortrag als Reportage mit einem Moderator und mehreren Journalisten im Plenum.

Consignes
Préparez un reportage sur le carnaval aux Antilles puis présentez-le en classe. Un animateur pose une ou plusieurs questions à chaque journaliste qui répond en commentant les photos. Vous pouvez apporter de la musique !

Solutions
1. *de l'Epiphanie au mercredi des Cendres*
2. *les beignets, le punch*
3. *le zouk, la biguine, les steel-band*
4. *pour évoquer l'esclavage*
5. *C'est une poupée géante qui symbolise tous les problèmes de l'année.*
6. *On brûle Vaval et on porte le deuil.*
7. *culture européenne : fête catholique / culture africaine (costumes)/esclavage (les fouets)*

Jeu de cartes : Le roi du carnaval de Québec

Qui est le roi du carnaval ? La réplique vivante du bonhomme de neige qui a enchanté tous les enfants québécois ! Pour mieux le connaître, fais ce jeu.
En paires : Chacun a 4 cartes-questions. À tour de rôle, lisez une question en faisant une phrase complète et prenez une carte-réponse. Si c'est la réponse, mettez les 2 cartes devant vous. Changez de rôle.

prénom et nom ?	né... ?	né... ?	couleurs préférées ?
ami d'enfance ?	sa plus grande qualité ?	sa phrase célèbre ?	son plus grand rêve ?
Bonhomme Carnaval	à Québec	en 1954	le blanc et le rouge
le Père Noël	la joie de vivre	Joyeux carnaval !	éliminer le réchauffement de la planète !

Reportage aux Antilles :
Le carnaval, un mélange culturel
Sé kannaval ki ka rivé

Préparation :
Cherchez sur Internet des informations pour présenter le carnaval aux Antilles.
Pour vous aider, voici des questions :

1. *Ça se passe quand ?*
2. *Qu'est-ce qu'on mange ? Qu'est-ce qu'on boit ?*
3. *Quelle musique accompagne les fêtes ?*
4. *Il y a des gens costumés qui font peur avec des fouets* ? Pourquoi ?*
5. *Qui est Vaval et que symbolise-t-il ?*
6. *Pourquoi, le mercredi des cendres*, tout le monde est habillé en noir et blanc ?*
7. *En quoi ce carnaval est-il un mélange de cultures ?*

ISBN 978-3-12-525845-7

73. Le match : les mots-clés des Antilles

A2 B1 B2

verstehen

Lernziele

- Eine Minipräsentation machen: *Le sujet de ma présentation…, ma présentation traite de…, en conclusion, pour finir*
- Verständnisfragen zum Ausdruck bringen: *je ne connais pas ce mot, est-ce que vous pourriez m'expliquer*
- Interaktion bei Gesellschaftsspielen: *Est-ce que quelqu'un peut m'aider ? Est-ce que quelqu'un sait ce que veut dire…? À ton tour ! À toi de jouer !*

Verlauf

In diesem Spiel geht es darum, 12 Wörter erklären zu lassen. Die Anzahl der Wörter kann auch bezüglich der Anzahl der Spieler reduziert werden. Danach erfolgt ein Austausch im Plenum, um die gewonnenen kulturellen Erkenntnisse zu vertiefen.

Consignes

2 équipes de 6 personnes :
À tour de rôle, chaque membre d'une équipe choisit un mot et en parle pendant 3 minutes.
Il explique pourquoi c'est un mot-clé pour les Antilles.
Si vous ne connaissez pas ce mot ou si vous avez besoin d'aide : demandez l'aide de votre équipe.
Personne ne peut vous aider : cherchez sur Internet !
Pour le calcul des points :
Réponse correcte, sans l'aide de votre équipe : 10 points.
Réponse correcte, avec l'aide de votre équipe : 7 points.
Réponse correcte, avec recherche sur Internet : 4 points.
Quelle équipe gagnera ?

le créole
la Soufrière
les TOM-DOM
la canne à sucre
le zouc
la Martinique
le vaudou
les acras de morue ou d'aubergine
les esclaves
la Guadeloupe
une plantation
Vaval

74. Les Antilles : une leçon de créole !

A1 A2 B1 B2

Lernziele

- Sagen, wenn man etwas nicht versteht: *je ne connais pas ce mot, vous pourriez m'expliquer ?*
- Nach Erklärungen fragen und wiederholen

Verlauf

Die Spieler raten. Anschließend wird zusammen im Plenum gelesen und wiederholt. Am Ende wird übersetzt.

Consignes

À 2 : Pouvez-vous deviner ce que signifient ces expressions ?

Bonjou !	dé mo kréol.
Bonswa !	Man ka chèché an taxi.
Sa-ou fé ?	Man ka alé lotèl.
A plus !	Man ka chèché an restoran.
Si ou plé !	mi bèl jounen !

Solutions

Bonjour !
Bonsoir !
Comment ça va ?
Au revoir !
S'il vous plaît !
Deux mots de créole. (Quelques mots de créole)
Je cherche un taxi.
Je vais à l'hôtel.
Je cherche un restaurant.
Quelle belle journée !

75. Discussion : combats de coqs aux Antilles !

A1 A2 B1

Lernziele

- Seine Meinung äußern: *Je trouve que c'est cruel, c'est inadmissible ! C'est honteux ! C'est horrible !*

Verlauf

Dieses Thema gibt Einblick in kulturelle Unterschiede, wie z. B. Hahnenkämpfe. Außerdem gibt es einen Einblick in die Vielzahl des kulturellen Austausches mit den Antillen. In Martinique und Haïti haben die Spanier im 17. Jahrhundert die Hahnenkämpfe eingeführt. Es wird erklärt, dass die Hahnenkämpfe in diesen Ländern hohes Ansehen haben und dass man durch Wetteinsatz viel Geld gewinnen kann.
Die Lehrkraft liest verschiedene Kommentare vor, die Schüler debattieren.

Consignes

Voici les commentaires sur les combats de coqs qu'on peut lire sur Internet.
Vous, quelle est votre opinion?
Répondez du tac au tac aux arguments des Martiniquais. Les répétitions sont interdites !

C'est une barbarie !
C'est cruel !
Après le combat, on mange le coq qui est mort !
On peut gagner beaucoup d'argent ! Jusqu'à 6000 euros !
C'est une tradition !
Mais les coqs se battent naturellement dans les basse-cours !
Nos coqs sont magnifiques ! Nous les chouchoutons !
Un combat ne dure que 6 minutes environ !
C'est horrible de voir la foule excitée !
Le plus fort gagne ! C'est bien !
Un combat c'est une fête !

76. Le match : les mots-clés du Maghreb

A2 B1 B2

Lernziele

- Eine Minipräsentation machen: *Le sujet de ma présentation…, ma présentation traite de…, en conclusion, pour finir*
- Verständnisfragen zum Ausdruck bringen: *je ne connais pas ce mot, est-ce que vous pourriez m'expliquer*
- Interaktion bei Gesellschaftsspielen: *Est-ce que quelqu'un peut m'aider ? Est-ce que quelqu'un sait ce que veut dire…? À ton tour ! À toi de jouer !*

Verlauf

In diesem Spiel geht es darum, 12 Wörter erklären zu lassen. Die Anzahl der Wörter kann auch bezüglich der Anzahl der Spieler reduziert werden. Danach erfolgt ein Austausch im Plenum, um die gewonnenen kulturellen Erkenntnisse zu vertiefen.

Consignes

2 équipes de 6 personnes :
À tour de rôle, chaque membre d'une équipe choisit un mot et en parle pendant 3 minutes.
Il explique pourquoi c'est un mot-clé pour le Maghreb.
Si vous ne connaissez pas ce mot ou si vous avez besoin d'aide : demandez l'aide de votre équipe.
Personne ne peut vous aider : cherchez sur Internet !
Pour le calcul des points :
Réponse correcte, sans l'aide de votre équipe : 10 points.
Réponse correcte, avec l'aide de votre équipe : 7 points.
Réponse correcte, avec recherche sur Internet : 4 points.
Quelle équipe gagnera ?

un berbère
l'émigration
un maghrébin
la Tunisie
l'islam
le Maroc
l'Algérie
le tourisme
l'indépendance
la colonisation
Casablanca
Albert Camus

77. Le Maghreb : le couscous, un échange culturel

A1 A2 B1

B2

Lernziele
- Ein Gericht/Rezept beschreiben: *c'est un plat qui…, que…*
- Die Herkunft eines Gerichts beschreiben: *Depuis, à cette époque, après, ça a donné lieu à…*
- Ursache und Folge: *à cause de, en raison de, c'est pourquoi*
- Nach einer Meinung fragen/seine Meinung äußern
- Zusammenfassen: *nous avons parlé de, voici les résultats, ceci confirme, pour terminer…*
- Über kulturellen Austausch von Ländern sprechen

Verlauf
Da einige Spieler « couscous » nicht kennen, wird eine Einführung in Form einer Fragerunde im Plenum durchgeführt. Für die Reportage werden 5-er und 6-er Gruppen gebildet.
Es wird der Hinweis gegeben, dass das Thema « couscous » ausgewählt wurde, um den kulturellen Austausch zwischen dem Maghreb und Frankreich zu thematisieren.

Consignes
a. Le couscous, qu'est-ce que c'est ?
D'après vous :
D'où vient ce plat ?
De quels pays ?
D'où viennent les ingrédients ?
Par qui a-t-il été introduit en France ?
Comment ?
A-t-il été modifié dans les restaurants en France ?

b. Faites un reportage sur le plat préféré des Français !
Présentez le couscous ; ses origines ; son histoire ; sa recette.
En petits groupes :
un ou deux reporters posent des questions à un cuisinier, un serveur, à une femme au foyer et à d'autres personnes pour tout savoir sur le couscous !
Filmez-vous !